언런

UN-Learn
언런

김연지 지음

어깨 위 망원경

Prologue

"You are a strong woman."

유엔의 최대 규모 다자기후기금에서 일하는 나는, 어느 날 팀 회의를 마친 후 잠시 숨을 좀 돌리러 복도로 나갔다. 같은 회의에 함께 참석했던 라이베리아 출신 동료와 복도에서 마주쳤는데, 그 동료가 지나가면서 웃음을 띠며 내게 이렇게 말하는 것이었다.

강한 여성이라니. 복도에서 잠깐 마주친 동료가 이렇게 말하니 뜬금없기도 하고, 무슨 의미인지 궁금하기도 했다.

바로 그 순간에는 경황이 없어서 그 동료가 어떤 의미로 그렇게 말했는지 물어보지도 못했는데, 어제 짬이 나서 그 동료에게 물어보게 됐다.

"You said I am a strong woman before, when we bumped into each other in the hallway after a team meeting. What did you mean by that?" (전에 우리 팀 회의 끝나고 복도에서 마주쳤을 때 나한테 강한 여성이라고 말했었잖아. 그때 그거 무슨 뜻으로 한 이야기였어?)

그 동료는 웃으며 이렇게 말했다. 그날 내가 우리 국장님 및 팀원들과 함께 한 회의에서 의장으로서 경쾌하게 안건별 결정 내용을 정리하고 회의를 리드하는 모습에서 감동을 받았다는 것이었다. 그 동료는 자신이 죽 관찰해 온 결과, 내가 모든 일에 뛰어난 집중력을 보이고 진취적이라며 그런 맥락에서 내가 강한 여성이라 했다.

와, 강한 여성. 나는 감개가 무량했다.

강한 여성이라고 하면 듣는 사람마다 느끼는 바가 다를 수는 있겠지만, 나에게 그 말은 확실한 칭찬이었다.

왜냐하면 내가 생각했을 때 예전의 나는 매우 나약했기 때문이다. 아니, 어쩌면 그 옛날에도 내 안에는 강단 있고 씩씩한 사람으로서의 잠재력이 있었지만, 아이 때부터 오랜 시간 학습한 낮은 자존감과 무력감이 씨앗 하나 크기의 잠재력을 철창처럼 칭칭 둘러싸고 있었다고나 할까. 그 철창을 내가 스스로 풀어내고 내 안의 잠자던 거인을 넓은 세상에 더 일찍 내보내 줘야 했는데, 그렇게 하기까지 정말 오랜 시간이 걸렸다.

- 전라북도 전주에서 중학교에 다니던 나는, 중3 겨울방학 때 생전 처음 혼자 미국에 한 달간 어학연수를 떠났고,
- 그 어학연수 기간 중, 이거다 싶은 강한 이끌림에 학생비자를 발급받은 후 미국에서 홀로 유학 생활을 시작했다.
- 미국 오리건주 작은 기독교 기숙사 고등학교에 다니면서, 학업과 아르바이트를 병행하며 홀로 미국 대입 시험인 SAT 시험을 준비했다.
- 유명한 미국 명문대이자 세계적인 공립 연구 대학교인 UCLA에 합격해서,
- 비싼 미국 학비 때문에 UCLA를 3년 만에 최우등 성적(summa cum laude)으로 졸업,
- 미국 사립 명문대인 듀크 대학(Duke University) 공공정책 석사를 취득했다.
- 한국의 국제방송에 입사하여 정치, 경제 외교 뉴스를 해외시청자·재외동포에게 보도하고 방송하다가,
- 2015년에 UN 기구인 UNESCAP에 컨설턴트로 처음 입사했다.
- 2015년 외교부 주최로 치러진 JPO(국제기구초급전문가) 시험에 합격,
- 2016년 독일 본 소재의 유엔기후변화협약(UNFCCC) 사무국에서 기후재원 사무관으로, 최대 규모 국제회의인 UNFCCC 당사국총회에서 주요 기후재원 안건 정부 간 협상을 보좌했다.
- 2020년 유엔의 최대 규모 기후기금인 녹색기후기금(GCF)에 입사해서, 국제 공적 기금인 GCF 투자금이 개도국의 기후 대응과 회복력 향상에 투명하고 효과적으로 쓰이는지를 객관적으로 평가하는 중요한 업무를 수행하며 기쁘고 충만한 커리어인으로서의 삶을 살고 있다.

나약하고 모든 것에 두려움이 많았던 내가 사막에서 떨어진 바늘 찾듯이 더듬더듬, 그러나 꾸준하고 치열하게 노력해서, 오늘날 UN 기후변화 전문가로 성장하기까지 나를 몰라보게 성장시켜 준 일곱 가지 성장 노하우를 이 책에 담았다. 기록의 힘을 믿는 나는, 내가 그동안 크고 작은 도전과 성공을 통해 어렵게 깨우친 이 노하우를 글로 남겨 나 자신도 꺼내 보고 독자들과도 나누고 싶었다.

이 노하우가 우리 모두의 마음 깊은 곳에 아직 잠들어 있을지 모르는 거인을 흔들어 깨울 수 있기를, 그래서 우리가 훨씬 더 용기 있고 기쁨과 활력이 충만한 삶을 살 수 있기를 바란다.

차례

Prologue　　　　　　　　　　　　　　　　　　　　　4

Chapter 1
생각하라, 깨어 있으라!

우리는 깨어 있는가?　　　　　　　　　　　　　　14
깨어 있다는 것의 다른 의미　　　　　　　　　　　33
내가 원하는 것을 하고 산다　　　　　　　　　　　36

Chapter 2
실행하라, 실행력 업!

아무 것도 하지 않으면 아무 일도 일어나지 않는다　　48
다짐에서 실행까지 걸리는 시간　　　　　　　　　53
실행력을 높이기 위한 방법　　　　　　　　　　　58

Chapter 3
구하고 찾고 요구하라!

물어보는 것이 너무 어려웠던 나	68
깨어 있고, 실행하면서 그다음으로 가기 위한 단계	79
UN 그리고 국제기구에서 묻고, 또 묻고, 구했던 내 경험	86
야망 있는 아시아인 한국인 여성	92
건강한 피드백 문화	105
남의 피드백이 내게 상처일 때	111
미국 유학 중 묻고, 또 물었던 경험	116
당당하게 말하라!	129

Chapter 4
배운 것을 기록하라!

기록하지 않으면 사라져 버린다	138
성장에 필수적인 기록의 힘	142

Chapter 5
나누고 공유하라!

내가 남에게 열심히 물었다면, 이제 내가 나눌 차례다	152
나의 좌충우돌 미국 고등학교 적응기	158
나의 미국 대입시험 SAT 정복기	163
국제기구초급전문가(JPO) 시험 정복기	170
2015 UN의 날 기획을 통해 실천한 나눔	180

Chapter 6
감사하라!

내가 경험한 감사의 힘	192
100 감사 운동	195
부를 나눈다는 것, 그리고 그에 대한 감사	198

Chapter 7
느긋하고 편안하게, 힘을 빼자!

느긋하고 편안한 상태 유지하기   206

Epilogue   216
Special Thanks to   221

부록

자신감 넘치는 영어·프레젠테이션 비결   226

Chapter 1

생각하라,
깨어있으라!

Watch, stand fast in the faith,
be brave, be strong.

1 Corinthians 16:13

우리는 깨어 있는가?

길들여진 한국인과 수동적 태도

나는 내가 매일을 열심히 생각하고 치열하게 산다고 믿어 의심치 않았다. 매일 최선을 다해 열심히 사는 것에는 자타공인 최고라고 생각했다.

그런데 나이가 들면서 자신을 돌아볼 줄 알게 되고, 조금씩 내면이 더 성숙해지면서 깨달았다. 내가 매일 생산적인 생각을 하면서 삶의 이모저모를 고찰하고 의미 있게 살고 있다고 생각했는데 결코 그렇지 않았던 적이 더 많았다는 것을.

그냥 별 생각 없이 이냥저냥 살아가고 있는 경우가 매우 많았다. 어제랑 똑같이 일어났고, 기계적으로 일어나 밥을 먹고 출근 준비를 하고, 출근해서 일하고, 퇴근하고 쉬었다. 이 루틴 자체에 문제가 있다는 말이 아니다. 이 루틴 안에서 나는 뭔가 새로운 것을 창조하거나, 조금이라도 전과 다르게 시도해 보거나, 나만의 의견을 적극적으로 제시해 보거나 하는 것 없이 그냥 살고 있었다. 나도 모르는 사이에 마치 좀비처럼 생각하지 않으면서 매일을 살고 있었다.

그렇게 살고 있는 나를 발견한 것이, 그리고 이래선 안 되겠다 하고 마음먹은 것이 변화의 시작이었다. 그때부터 조금씩 성장하기 시작했다.

많은 사람이 나와 비슷한 경험을 했거나 하고 있을 거라고 생각한다. 특히 우리의 문화적 배경과 교육 방식도 한 가지 원인이 될 수 있을 것이다.

어렸을 때 우리는 부모님께, 그리고 학교 선생님께 많은 것을 배우고 가르침을 받았다. 어린아이의 눈에 부모님이나 선생님께서 말씀하신 것은 삶의 진리라 여겨질 만큼 절대적이었다. 또 실제로 우리는 그렇게, 그것이 맞다고 배웠다.

나는 'K-장녀'다. 내 아래 세 살 터울 남동생이 있다. 어렸을 때 부모님이 "너는 조심성이 없어" 하시면 나는 스스로를 당연하게 조심성이 없는, 맨날 실수로 그릇을 발로 밟아 깨기나 하는 그런 아이로 여겼다. 동생은 어렸을 때 퀴즈나 수수께끼에 "머리가 팔팔 돌아가는" 아이였고, 나는 "아니"었다. 엄마 말씀이 틀렸다고 생각해 본 적이 없었고, 그래서 나는 그냥 그런 아이라고 받아들였다. 지금 생각하면, 어렸을 때 내 자존감이 그렇게 높았던 것 같지는 않다. 어렸을 때 나는 유난히 실수가 잦았고 그래서 꾸중을 많이 들었던 기억이 난다.

어려서부터 어른들에게서 자주 들었던 말씀 중에 "한 우물만 파라"는 것이 있었다. 이 말이 여전히 유효한 부분도 있을 거라 생각한다. 하지만 이도 상대적인 것이라 생각한다. 특히 오늘날과 같은 지식경제 시대에, 인공지능(Artificial Intelligence)의 역할이 점점 커지고 있는 시대에 '한 우물만 파'서는 우리의 경쟁력이 뒤처지기 쉽다. 또, 내가 '생각하며' 살기 시작한 이후 관심을 가지게 된 부와 재정 부문에서 '한 우물만 파'는 재테크는 리스크가 커서 위험할 수도 있고, 도태되기 쉽다는 단점이 있다.

다소 수동적인, 위에서 아래로 전해지는 일방향(One Way) 교육 방식으로 우리는 많은 것을 배웠다. 무언가에 대해 다른 의견을 내고 질문하거나 관점을 뒤집어보거나 하는 것이 타문화와 비교했을 때 어려운 것이 사실이다. MZ 세대는 이런 부분에서 그 전 세대보다 잘하고 있을 수도 있겠지만, 전통적으로 내려온 한국의 문화적·사회적 가치나 교육의 방식을 생각해 볼 때 다른 문화와 비교해서 이런 부분이 아직도 우리에게 어려울 수 있다.

전라북도 고창에서 태어나고 전주에서 초등학교와 중학교에 다니다 홀로 미국 유학을 해서 고등학교 대학교 대학원까지 마치고 UN에 국제기구전문가로 입성한 나는, 국제기구 내에서 내 지속적인 성장과 발전을 위해 '모든 것에 다소 수동적'인 모습을 보였던 이전의 삶의 태도와 작별하는 **언런**(Un-learn)* 과정이 필요하다는 결론을 내렸다. 나는 바뀌어야 했다.

수동적이었던 이전의 태도와 삶의 방식이 내 타고난 '성향'은 아니라고 생각한다. 다년간의 의도적인 노력의 결과로, 나는 오늘날 아주 적극적이고 회사에서 의견을 끊임없이 나누는 사람이 됐는데, 그렇게 발언할 때 너무 재미있고 신나기 때문이다. 이런 내가 어린 시절 그냥 조용히 수동적인 자세로 다소곳이 살아야 한다고 여겼던 것은, 그게 이 사회가 나에게 바라는 모습이라고 프로그래밍되었던 것뿐이라고 나는 결론 내렸다. 나뿐만 아니라 같은 시대, 같은 문화 그리고 같은 교육을 받고 자란 모두가 이러한 영향에서 결코 자유롭지 않을 거라고 생각한다.

미국 명문대 듀크 대학에서 목 놓아 울다

미국에서 홀로 10년을 유학하고 UN 전문가로 해외에서 일한 경력이 있다고는 하지만, 한국인으로서 아주 어렸을 때부터 '진리'로 여겨왔고 각인되었던 삶의 방식과 스타일을 하루아침에 대폭 바꾸는 것은 내게도 매우 어려운 일이었다.

어떻게 생각하면 불공평하게 느껴지기도 했다. 어렸을 때부터 자신의 의견을 내고 모든 것에 호기심을 가지고 질문하며, 좋으면 좋

---

*Un-learn 언런: 배운 것을 내려놓고 잊어야 비로소 '진짜 성장'이 가능하다는 의미로 이 책에서 새롭게 정의한 개념. 동시에 'UN에 들어가 배운 것'이라는 중의적 의미도 담고 있다.

다 싫으면 싫다 분명하게 말하도록 권장하며 그렇게 해도 용인되는 문화에서 자란 타 국가 동료들과 나는 출발선이 다른 것이 사실이기 때문이다. 내가 국제기구에서 관찰한 바로는, 미국, 영국, 인도, 독일 출신의 동료들이 이 부분에서 특히 거침없다.

특히 내가 국제무대에서 일하면서 전해 들은 유대인의 교육 방식은 정말 감탄할 만하다. 유대인의 하브루타 교육법은 '짝을 지어 질문하고 대화, 토론, 논쟁을 하는' 방법이다. 부모와 자녀가, 혹은 친구끼리, 동료가 서로 질문과 대답을 하고 대화를 하는 것이다. 거기에서 더 전문화되면 토론이 되고, 그것이 더 깊어지면 논쟁으로 발전한다. 어릴 때부터 이런 훈련을 받은 유대인 아이는 얼마나 자연스럽게 자신의 의견을 말하고, 스스로 사고하는 힘을 갖게 될까 생각한다. 그래서 부럽다.

전성수 하브루타교육협회장은 하브루타의 위대함에 대해 이렇게 말한다.

"질문과 토론, 논쟁만큼 우리의 뇌를 활발하게 자극하는 것이 없다. 그중에서도 하브루타 교육법은 우리 뇌를 격동시켜 최고의 뇌로 만들어 준다."

그는 하브루타가 유대인들이 노벨상을 수상하고, 각계각층에서 두각을 나타내는 데 큰 영향을 미쳤다고 강조한다.

나는 이러한 하브루타 밥상머리 토론, 혹은 이처럼 모든 것에 호기심을 가지고 "왜"라고 질문하는 태도나 자세를 배운 적이 없다. 그렇지만 UN에서 국제개발 전문가로 일하고 싶다는 꿈을 꾸면서부터,

나는 이전의 삶의 방식을 완전히 바꾸어야 한다는 결론을 내렸다.

나의 성장 배경이나 태어나고 자란 문화적 배경을 바꿀 수는 없으니, 내가 노력해서 적극적인 삶의 태도, 의식적으로 생각하며 일하고 살아가는 방식을 스스로 장착할 수밖에. 깨어 있음의 시작은 내가 나 자신에게 스스로 묻고 그에 대한 답을 찾는 것이다.

또한 깨어 있음이란 의식적으로 우리가 어떤 사물이나 현상을 바라보는 시선을 새롭게 해보고, 그에 대해 호기심을 가지고 질문을 하는 삶의 방식이다. 예를 들면 이런 느낌이다. 이전의 나는 다른 사람이 뭔가를 말하거나 의견을 제시할 때 그 의견을 그대로 흡수했다. 특히 나보다 높은 지위에 있는 사람이 ―부모님이나 회사 상사나 학교 선생님 혹은 그냥 어른, 아니면 친구까지도― 뭔가를 나에게 말했을 때 그에 대한 질문이나 다른 의견을 낼 생각 자체를 못 했다. 그저 그 사람이 하라는 대로, 이렇게 사는 것이 좋다고 말하는 대로 받아들이기만 할 뿐이었다.

무언가에 대해 조금이라도 다르게 생각하거나 뒤집어보거나 더 깊게 고찰할 생각 자체를 못 했다. 미국 유학 전 아직 한국에서 중학교에 다닐 때, 공부하는 것에 한창 재미가 들려 미리 예습했다가 다음 날 수업 시간에 손을 들고 선생님께 질문을 했던 적이 있었다. 내가 학교 다닐 때만 해도, 수업 시간에 학생 누군가가 손을 들고 선생님께 질문을 하는 것이 매우 어색한, 거의 없는 일이었다. 선생님께서도 그렇게 수업 중 질문을 받아보는 것이 어색하셨던 것 같다.

선생님께서도 조금 당황하셨고, 나도 내 질문에 대해 찾고 있던 답을 듣지는 못했다. 내게도 또 선생님께도, 또 그걸 지켜보던 우리 반 다른 친구들에게도 어색한 시간이었고 긍정적이었던 경험은 아니었다. 내가 손을 들고 질문한 건 그때가 마지막이었다. 그 후로는 더 이상 질문을 하지 않고, 시험을 봐서 성적이 잘 나오면 스스로 소소하게 기뻐하며 부모님이 기뻐하시는 모습을 지켜보는 딱 그 정도의 학습을 하게 됐다.

그때 내 모습이 바로 '깨어 있지 않던', 적극적이고 능동적으로 생각하는 것이 어려웠던 모습이었다. 뭔가 흐리멍덩한 안갯속을 혼자 계속 걷고 있다는 느낌이랄까. 그때는 스스로 생각할 힘도, 생각해야겠다고 다짐할 능력 자체도 없었다. 스스로 깨어 있어 생각하지 않아 내가 놓쳐왔던 것이 무엇인지도 당연히 몰랐다. 그저 안갯속을 계속해서 걸을 뿐이었다.

반대로 내가 말하는 '깨어 있는' 삶이란 그런 안갯속을 뚫고 밖의 환하고 찬란한 세상으로 걸어 나오는 삶이다. 일을 하면서 수많은 회의와 업무 미팅을 할 때 지금의 나는 깨어 있다. 적극적으로 다른 사람이 하는 말을 경청하고, 그 사람이 말한 부분에 대한 내 생각은 무엇인지 끊임없이 스스로 자문한다. 그리고 내가 생각한 부분을 발언한다. 또 적극적으로 질문한다.

전성수 하브루타교육협회장도 강조하는 것이 바로 질문의 힘이다. 인간은 배우려면 질문을 가져야 한다. 의문을 품는 것이 곧 지혜의 출발이며, 그래서 질문은 인간을 성장시킨다. 나에게서 혹은 다른 동료에게서 나온 질문 하나가 얼마나 근사한 아이디어 혹은 또 다른 기발한 질문으로 발전되는지를 수없이 목격했다.

전 세계 내로라하는 인재들이 모여 일하는 UN과 국제기구에서 '잘 나가는' 리더들을 내가 유심히 관찰하니 그들은 공통적으로 비판적 사고(Critical Thinking) 능력을 갖췄고, 자신의 의견을 내는 데에 거침이 없었다. 자신의 의견만을 제시한다는 것이 아니다. 자신의 의견을 제시함은 물론, 다른 사람이 자신과 다른 의견을 낼 수 있다는 것이, 그리고 그것을 논의하고 심도 있게 토론하는 것이 숨 쉬는 것처럼 자연스럽다는 것이다.

이걸 내가 잘하지 못해서 미국 듀크대학교 공공정책대학원 시절 눈물 콧물 뺀 적이 많았다. 소그룹에서든 대인원 클래스에서든 궁금한 것이 있으면 그 즉시 손을 들고 질문을 하는 것이 낯설었던 나는, 같은 석사 과정 클래스메이트들로부터 내가 '수동적이고(Passive)', '말하기를 꺼린다(Reticent to speak)'라는 피드백을 받았었다.

이 피드백도 익명으로 클래스메이트들이 교수님에게 제출한 것이다. 서로에 대한 피드백을 학생 개개인이 교수님을 찾아가서 듣게 되는 형식이었는데, 이러한 피드백 문화 자체가 낯설었던 내게는 이 또한 어려운 경험이었다. 교수님을 찾아가서 이러한 다소 부정적인 피드백을 전해 듣고 나오는데 당시에는 분하고 서러운 마음뿐이었다. 사실 지금 생각하면 딱히 틀린 말도 아니고 객관적인 피드백이었다. 그럼에도 그게 억울했던 이유는 나 자신도 수업 시간에 손을 들고 질문하고 발언을 하려고 수십 번 시도하고 마음을 먹었으나 그

것을 직접 실행하는 것이 어려웠고, 이러한 내 상황을 전혀 알지도 못하면서 무심하게 그런 '피드백'을 제출했던 것이라고 생각이 들어 야속했기 때문이다.

그 피드백을 전달해 주시면서 미국인 남자 교수님께서 덧붙이신 말씀이 있다. 전통적으로 여성들이 조용하고 수동적인 모습을 보이는 것이 미덕으로 여겨진 아시아 문화권에서 유학 온 내가 적극적으로 의견을 내는 것이 힘들 수는 있겠다고 하셨다. 내 문화적 배경과 상황을 조금은 이해하신다는 제스처로 친절하게 말씀해 주신 것이었는데, 그 말씀 자체에서 슬쩍 화가 치밀었다. 나는 한국에서 왔는데 아시아 문화권이라고 싸잡아 평가당한 것 같아서 분하기도 했고, 그런 문화적 배경이 있는 것은 사실이지만 나 스스로 그것을 쉽게 극복하지 못해서 이러한 평가를 받고 있다는 생각이 들어 서러웠다.

교수님과의 면담 후 엉엉 울면서 집에 돌아갔다. 한국에서 학교 다닐 때는 시험을 봐서 그 점수가 잘 나오면 최고인 것처럼 어디서나 대우를 받고 다녔는데, 미국에서 공부를 할 때는 시험을 잘 보는 것에 더해 강의실에서 적극적으로 질문하고 의견을 나누고 비판적인 사고 역량을 갈고닦는 것도 매우 중요했다. 이전의 학습 방식과 내가 중요시하던 가치, 내 자세를 **언런**하고, 180도 바뀌어야 했다. 나는 의식적이고 의도적인 노력을 통해 변화해야 했다. 당시에는 힘들었지만 내가 바뀔 수 있는 절호의 기회였다.

나를 깨우는 질문과 비판의 기술

그래서 그날을 계기로 나는 달라졌다. 나 자신을 너무 잘 알았던 나는, 나 자신에게 충격 요법을 써서 달라지기로 마음먹었다. 그때 썼던 방법을 소개하자면 다음과 같다:

변화를 위한 실행 방안

(1) 모든 클래스 리딩을 수업 전에 해 둔다. 읽을 때는 더 '의식적'으로, 비판적 사고를 하며 읽는다.(무언가를 읽을 때 졸지 말고, 깨어 있으라! 이제 진짜 졸면 안 돼. 클래스 리딩을 하면서 달라져야 해.) 읽으면서 드는 생각이나 궁금한 점은 형광펜으로 표시를 해두고, 간단하게 메모해 둔다. 이러한 간단한 행위도 내가 끝까지 '깨어 있으며' 리딩을 할 수 있게 도와줬다.

(2) 수업 시간에 질문할 기회가 오면(예를 들어 토의 시간이 시작되면) 그냥 무조건 손을 든다. 머릿속 생각이 정리되지 않아도, 무슨 말을 할지 몰라도, 그냥 손부터 든다. 내 안에서 이건 안 된다고, 손부터 먼저 들었다가 아무 말도 안 나오면 어떻게 할 거냐고, 다시 생각하라고 외쳤지만, 나는 단호했다.

(3) 수업 토의 시간에 내가 말할 것만 고민하지 말고, 다른 클래스메이트나 수업 참가자가 하는 말을 주의 깊게 듣는다. 그들이 뭔가 재미있는 점을 언급하면, 그에 꼬리를 무는 내 생각을 얘기하거나 추가 혹은 반대 의견을 낼 수 있다. 실제로 나는 그렇게 서로의 의견에 대해 꼬리에 꼬리를 무는

토의나 회의 시간 중에 기가 막힌 아이디어나 생각이 나오는 것을 여러 번 경험했다. 나 한 사람의 생각도 좋지만, 거기에 대한 다른 사람의 의견이 더해지고, 서로의 의견에 대한 수정 보완이 이루어지면서, 마지막에는 예쁜 설탕 결정체가 완성작으로 남았다.

이 방법을 썼더니 정말 효과가 있었다. 이를 수행하여 참석한 수업 첫날부터 나는 수업 시간에 발언을 한 번, 두 번, 심지어 세 번 네 번까지 하게 됐고, 하다 보니 점점 재미있어졌다. 자신감도 생겼다. 이러한 성취를 하면서 알게 된 점은 '질문을 하지 않는 것'도 하나의 오랜 습관이었다는 것이다.

그 습관을, 질문하지 않는 상태를 내가 스스로 깨고 나오는 데에는 이 충격 요법과 더불어 많은 <u>의도적인</u> 노력이 필요했다. 특히, 수업 시간에 발언해야지, 마음먹고 준비해서 참석한 수업 첫날에는 실제로 무슨 말을 할지 준비가 덜 된 상태에서 발언하기 시작했다. 내가 말을 하면서도 도대체 내가 무슨 말을 하는 건지 의아한 순간도 있었지만, 그냥 좀 뻔뻔하게 발언을 마쳤다. 일단 한번 뻔뻔하게, 물 흐르는 대로 그냥 발언을 해보니 생각보다 별거 아니라는 결론이 내려졌다. 그래 그렇게 차근차근 질문하는, 사고하는 근육을 키워나가는 거야. 해보니까 점점 잘 되네. 잘하고 있다, 나 자신.

<u>의도적으로</u> 준비하고, 노력하고, 사고하고, 발언하면서 나는 한

층 더 성장했고, 듀크대학교 공공정책대학원 석사 과정을 잘 마치고 졸업할 수 있었다.

한 번 깨어났다고 끝난 게 아니다

그런데 졸업하고 나서는 그렇게 눈물 콧물 빼가며 배운 삶의 방식을 계속 고수하지 못했다. 10년의 미국 유학 생활을 마친 후, 나는 한국으로 돌아와 국제방송국에서 TV 보도 기자로 첫 사회생활을 시작했다. 오래 미국에서 유학 생활을 하고 돌아온 한국에서, 그것도 방송국에서 사회생활을 시작한 나는 때때로 왜 꾸중을 듣는 건지를 파악하지도 못한 채 빈번하게 꾸중을 듣고 혼이 났다. 당시 회사 생활을 하면서는 대체로 주눅이 들어 있었다. 해외에서도 국내에서도, 그리고 국내 기업과 국제기구에서도 일해본 적이 있는 내가 진단한 바로는, 국내 기업 문화는 직원들에게 두려움을 자극하는 경향이 있다. 과도하게 수직적이고 딱딱한 조직 문화는 팀원들이 자유롭게 아이디어를 내고, 누가 시키지 않아도 서로 긴밀하게 협력하고, 스스럼없이 질문하고 하는 행위를 불가능하게 한다. 소위 아랫사람들은 과하게 윗사람의 눈치를 봐야 하고, 때때로 부당한 상사의 요구나 감정풀이에도 가만히 있어야 하고, 이러는 데에서 많은 정신적·감정적 에너지를 소모하게 된다. 사실 이런 부분을 개인적으로 너무 크게 느껴서, 내가 살고자 국제기구로의 이직을 원하고 준비하게 됐던 면도 있다.

보도국 선배에게 불려 가, 살면서 한 번도 들어보지 못했던 "성실하지 못하다"라는 꾸중을 왜 편집실 뒤 쪽방에서 들어야만 하는지도 그때는 완벽하게 이해되지 않았다. 그럼에도 그 일을 정말 좋아하고 즐겼던 나는 부지런하게 뉴스 취재 및 담화, 보도, 라이브 연결, 스튜디오 출연, 뉴스 앵커링 등 다양한 업무와 도전을 하고 최선을 다하고 나서 내 다른 꿈인 UN 진출을 위해 퇴사했다.

UN 진출을 위해 준비해야 하는 것도 여러가지였고, 치러야 하는 시험도 많았다. 그 시기에 연이 닿아서 정치인 한 분을 1년 남짓 보좌하게 됐다. 내가 수행한 업무는 그분이 맡고 계시던 한 국제기구의 위원 역할 수행을 도와드리는 업무였는데, 그 일을 할 때 불행하게도 나는 '아무것도 아니다', '아무렇게나 대해도 되는 직원이다'라는 느낌을 매우 크게 받았다. 또 그에 대해 나는 또 어렸을 때와 마찬가지로 별 저항 없이, 위에서 하시는 말씀이니 그게 맞는가 보다 하고 받아들였다. 그 시기에 나는 상당히 위축되어 있었다.

사실 그 일을 하기 시작한 바로 둘째 날부터 나는 뭔가가 나와 잘 맞지 않는다는 느낌을 강하게 받았다. 하지만 단순히 그 느낌 때문에 이제 시작한 일을 그만둔다는 것은 그동안의 삶의 철학과도 맞지 않았고, 옳은 결정이 아니라는 생각이 들었다. 또 부모님을 비롯한 어른들도 나에게 무조건 버티라고만 하셨다.

이 1년 남짓 되는 시기가 일을 시작한 뒤 나의 최대 고민과 방황의 시기가 아니었나 싶다. 이 일을 하면서 내게 맞지 않는 옷을 입고 있는 듯한 느낌이 계속 들었다. 나에 대한 확신이 사라지는 것만

같은 그런 시간이었는데, 그 어려운 시기를 마치고 그로부터 2~3개월 이내에 시험을 보고 당당히 내 첫 UN 직장에 입성하게 됐다.

전 직장은 내가 별 가치가 없는 사람이라고 매번 느끼게 하는 환경이었는데, 내 첫 UN 직장이었던 UNESCAP 동북아사무소에서 근무하면서 첫 월급이 바로 전 직장에서보다 두세 배 수직 상승한 것을 보고 깨달았다. 아, 더 자신감을 가져도 되겠구나. 누가 뭐라고 해도 나를 믿어주고, 내 역량 개발을 위해 묵묵히 할 일을 하면서 앞으로 나아가면 되겠구나. 하루아침에 월급이 수직 상승하니, 물론 돈이 다가 아니라지만, 내가 나 자신을 바라보는 모습 자체에서 차이가 났다. 자존감도 상승했고 기뻤다.

UNESCAP 동북아사무소에서 일하면서는 방송국을 다닐 때나 그 후 고위 정치인의 국제 업무를 도와드리던 때와는 달랐다. 더 당당하게 새로운 프로젝트를 자발적으로 기획하기도 하면서 듀크대 석사 과정 때의 적극적인 모습으로 살 수 있었다. UNESCAP에서 일하면서 사회 공헌을 위해 내가 기획했던 대형 프로젝트가 있었는데 이건 뒷장에서 소개하도록 하겠다.

그런데 그다음 근무지였던 독일 본 소재의 UNFCCC(유엔기후변화협약) 사무국에서는, 내가 듀크대 대학원 재학 시절 익혔던 적극적으로 사고하고 발언하는 방식을 또다시 조금 잊고 살았었다. 왜 그랬을지 생각해 보니, 당시 유엔기후변화협약 사무국에 JPO로 가게 되면서 기후변화 분야로 커리어 전환을 시작했는데, 너무 새로운 분야와 사무국이 돌아가는 낯선 방식, 이 모든 것에 나도 모르게 압도되고 눈치를 보게 됐던 게 컸던 것 같다. 모든 것이 새로웠고, 전과는 너무 다른 업무 프로세스 그리고 직장 내 문화, 또 생전 처음 경험해 보는 —그리고 내 기대와는 달랐던— 독일에서의 삶의 무게에 함몰되었다. 그래서 내 본연의 모습과 그동안 어렵게 스스로 익혀 장착했던 적극적이고 능동적인 삶의 방식을 온전하게 구현할 수 없었다. 이 부분이 아쉬움으로 남는다.

하지만 다행스럽게도 그다음 이직한 UN의 기후기금인 녹색기후기금(Green Climate Fund)에서는 다시 적극적이고 능동적으로 생각하고, 질문하고, 발언하며 회사 생활을 해왔고, 이제는 이직한 지도 어느덧 6년 차가 됐다.

지금까지 다양한 국제기구와 국내 기업을 거치면서 또 언런한 부분이 바로 이런 것들이다.

예전의 통념:

열심히 준비해서 들어간 첫 회사인데 당연히 오래 일해야지. 취직도 빨리 됐고, 이제 거기서 롱런하고 승진도 하면 그게 꽃길이지. 이 완벽한 그림에서 벗어날 생각 자체를 하지 마. 무조건 버텨. 뭐 이직? 배가 불렀네.

통념을 언급했더니 든 생각:

물론 한 직장에 들어가서 업무도 적성에 잘 맞고 그곳의 미션과 나의 비전이 잘 일치되어 즐겁게 일한다면 정말 좋지. 하지만 내가 행복하지 않고 내가 본연의 모습으로 강점을 활용하면서 일할 수 있는 환경이 아니네. 물론 이렇게 된 것은 안타깝고 속상하지만, 이렇게 회사 A를 겪어보면서 내가 정말 싫어하고 타협할 수 없는 가치가 무엇인지를 알게 됐으니 감사하다. 그것만으로도 값진 경험을 했다. 이제 이걸 토대로 내가 더 행복하고 성장할 수 있는 회사를 찾아야겠다.

이렇게 **언급**하고 지금까지의 내 성과를 돌아보니 정말 멋지다. 일단 다양한 UN·국제기구에 어려운 시험과 인터뷰를 거치고 들어갔다. 그렇게 힘들게 들어간 첫 UN·국제기구에서 다양한 경험을 쌓으면서도 더 많은 공부를 했고, 성장의 기회가 있는 기구들로 성공적으로 이직도 했다. 그리고 전에 거쳤던 많은 국제기구에서보다 현재 몸담은 녹색기후기금에서 가장 나다울 수 있고, 많이 배웠고, 계속해서 성장 중이다. 나는 전부터 내가 가장 신나서 일할 수 있고 보람을 느낄 수 있으며 더 성장할 수 있는 직장을 찾아왔고, 지금도 공부하면서 찾는 중이다. 이것이 나의 커리어 여정이자 인생 여정이다. 끊임없이 배움을 갈구하고, 내가 원하는 것이 뭔지 그리고 그것을 위해 내가 지금 해야 하는 일이 뭔지 곰곰이 생각해 보고 찾아가는 나 자신이 정말 용감하고 멋지다.

잠재우는 환경에서도 깨어 있는 법

누군가는 이렇게 말할 수도 있겠다. 내가 지금껏 말한 역량이나 삶의 방식은 UN과 같은 국제기구에서나 통하는 것이지, 한국의 공공기관이나 기업에서는 통하지 않는 것이라고. 어떤 면에서는 일리가 있다. 실제로 내가 지금 몸담은 국제기구에서 매일 일하고 생각하는 방식으로 우리 아빠와 대화하면 아빠는 이렇게 말씀하신다. "너는 왜 그리 아빠 말에 토를 다냐. 그냥 내가 하라는 대로 할 것이지."

아빠 말씀에 토를 다는 게 아니라, 아빠와는 다른 의견을 제시하거나 아빠가 말씀하시는 것에 대해 궁금한 점을 순수하게 여쭤봤을 뿐인데 이렇게 말씀하셨다. 이렇듯 UN에서의 성공 열쇠, 성공 공식은 집에서 부모님과 대화할 때는 성공 공식이 아닌 것처럼 보이는 경우가 많았다. 반대로 예를 들어보자면, UN에서는 어떠한 주제나 프로젝트에 대해 팀원들이 자유로운 분위기에서 유연하게 사고하며 서로 의견을 내고, 원래 알고 있던 것 외에 새롭게 알게 된 사실이나 놓친 부분은 없는지를 짚어 보는 과정이 중요하다. 때문에 적극적으로 의견을 내고, 팀과 조직의 전략과 비전에 유용한 아이디어와 이니셔티브를 내는 직원을 눈여겨보고 칭찬한다. 하지만 우리 집에서 부모님과 나와 내 동생 사이의 대화나 분위기를 생각해 보면 이러한 UN에서의 성공 공식은 아직도 적용되기 어려운 것이 사실이다. 일단 우리 가정에서는 그러한 토론이나, 수평적이고 자유로운 분위기 속의 대화 자체가 거의 없으니까 말이다. 사실 우리 부모님 세대도, 우리 청년·장년 세대도 "그냥 너는 (아랫사람으로서) 내 말 들어" 식의 수직적 일방향 대화 방식이 옳다고 배웠다.

나는 이렇게 생각한다. 무언가에 대해 적극적으로 사고하고 질문하고 의견을 내고 발언하는 분위기의 기저에는 우리 개개인의 생각이 소중하고, 존중받을 만하고, 세상을 바꿀 수도 있다는 믿음이 깔려 있다. 이런 문화는 그래서 중요하다.

<u>내가 존중받는 한 사람으로서 스스로 생각하고, 목소리를 내는 것이 괜찮다는 믿음.</u> 내 의견을 내고, 다른 이의 생각을 또 경청하고 서로 의견을 교환하면서 하나의 아이디어를 더 개선하고 발전시킬 수도 있다는, 경험에 근거한 믿음. <u>나는 존중받아 마땅한 사람이라는 생각, 똑같이 다른 사람도 존중받아 마땅한 사람이라는 이해.</u> 이러한 이유로 나는 우리 모두가 적극적으로 생각하고, 의견을 내고, 발언하는 것이 성공적인 삶의 자세라고 믿는다. 내가 무언가 의미 있는 일을 할 수 있다는 믿음이 있다면, 그것이 나를 움직이고 하루하루 꿈을 위해 해야 할 일을 실행하는 삶으로 이끈다.

남이 뭐라고 하든 우리 개개인이 존중받아 마땅한 사람이고 내 생각과 의견도 소중하다는 믿음이 있으면, UN이나 국제기구와는 어쩌면 다를 수 있는 국내 기업 및 회사 생활에서도 남의 말에 쉽게 상처받지 않고, 자존감을 가지고 더 탄탄하게 건강한 회사 생활을 할 수 있다고 생각한다. 그러니 우리 모두 깨어 있자.

사실 이 조언은 국내 기관에서 근무할 당시에는 나조차도 깨닫지 못했던 부분이다. 국제기구로 이직하고서야 내가 놓쳐왔었던 것들이 선명하게 보였다. 직접 국내 기업에서 일하면서 테스트를 해보지는 못했지만, 그럼에도 남이 뭐라고 하든 크게 상처받지 않고 내할 일을 한다는 이 교훈은 국내 기업에서든 국제 기업에서든 꼭 필요한 삶의 지침이라고 생각한다.

적극적으로 질문하고, 발언하자. 어떻게 더 잘할 수 있을까, 성장할 수 있을까를 고민하고 방법을 찾자. 열심히 적극적으로 생각하고, 뒤집어보고, 안에서 밖으로 또 밖에서 안으로 무언가를 깊게 관찰하자.

오랜 시간을 돌아 깨달은 배움. '나는 생각한다. 고로 나는 존재한다.' 우리 모두 깨어 있는 마음으로, 자신이 꿈꾸는 목표를 향해 더 나은 방법과 더 창의적인 방법으로 전진하는 하루를 살자!

예전의 나처럼 안갯속을 헤매고 있는 분들이 있다면, 그곳에서 나올 수 있다고, 분명히 길이 있다고 전하고 싶다. 안개 나라 밖은 햇빛이 찬란하고 환하며 마음이 즐겁고 편안하다. 평생 남이 하는 말만 듣고 그것이 진리인 양 그에 전전긍긍하고 살지 말고, 우리 스스로 생각하고, 무언가에 대한 나의 관점은 뭔지, 앞으로 어떻게 삶을 개척하고 싶은지 홀로 고요히 성찰해 보자. 스스로에게 질문해 보자. 어떤 삶을 살고 싶은지, 하고 싶고 이루고 싶은 꿈이 무엇인지, 그리고 그를 위해 앞으로 어떤 노력을 할지. 그것이 깨어 있음의 시작이다.

깨어 있다는 것의 다른 의미

이전의 삶과 깔끔하게 작별하는 법

깨어 있음 — 스스로 사고하고 자신에 대해 깊은 고찰을 하는 것. 바로 눈앞에서 벌어지는 상황과 대화 대상을 그 상황 내부에서도 볼 수 있고, 한 발짝 떨어져서 밖에서 안으로도 보며, 숲 전체를 볼 수도 있는 유연한 사고와 삶의 방식. 이전의 삶의 방식과 프로그래밍된 내용과 작별하는 **언런**을 위해서는 깨어 있음이 필수적이다.

우리가 깨어 있으면 — 독립적이고, 주체적이고, 스스로 앞가림을 더 잘하게 된다.

예를 들자면, 인기 드라마였던 〈응답하라 1988〉에서 덕선이는 학교 성적은 좋지 않지만 다른 면에서는 정말 뛰어난 친구였다. 사람의 마음을 헤아리고 친구가 어려울 때 실질적인 도움을 주기도 하고, 뭔가가 필요한 상황에서 당당하게 그것을 요구하기도 할 줄 아는 그런 캐릭터였다. 극 중에서 덕선이는 같은 반 친구가 갑자기 발작을 일으켜서 쓰러져 있을 때 기지를 발휘하여 침착하게 그 친구를 옆으로 뉘어 호흡할 수 있게 돕기도 했다.

어떤 새로운 환경이나 상황에 처해도 금세 거기에서의 정세를 읽고 생존에 필요한 전략을 스스로 터득해 잘 살아남을 수 있는 그런 능력. 책을 열심히 들여다보며 학습을 잘하는 능력도 좋지만, 이런 실제로 살아가는 데 유용한 사고와 대처 능력이 정말 중요하다고 생각한다. 이 분야의 깨어 있음도 — 순간적 상황 판단과 빠른 적응 능력, 그리고 살길을 찾아내는 능력 — 매우 중요하고 필수적인 역량이다. 나는 이 역량이 다소 부족했고, 이 부분을 개선하려고 의식적으로 노력해 왔다. 그래서 내가 일하고 있는 국제기구 내에서도 새로운 기회를 포착하거나, 기회가 없으면 만들어서라도 나 자신에게 도전 과제를 주는 등 예전에 비해 많이 좋아졌다.

아주 어렸을 때는 내가 직접 나서서 뭔가를 성취해 볼 기회가 거의 없었다. 수줍음이 많던 나 대신 부모님이 나서주시거나 동생이 나서줬다. 나 혼자 스스로 일을 처리하는 것에 대한 중요성도 몰랐다. 그렇게 혼자 해보는 습관이 들지 않았기에 점점 더 혼자 할 수 있는 것이 없어졌다. 그래서 나약해졌고, 나 자신을 새롭게 다시 세팅해야 했다. 그런데 많은 것이 혼자 해볼 기회가 없어서 잘 못하는 것이지, 조금씩 하나하나 직접 해나가다 보면 금방 잘하게 된다.

나도 그랬다. 미국에 혼자 유학을 갔을 때 나는 만 13세였는데, 그전까지 한 번도 국내나 해외 어디도 혼자 가본 적이 없던 나를 우리 아빠가 정말 걱정하셨다. 내가 공항에서 비행기를 놓치지는 않을까 노심초사하셨다. 그런데 막상 닥치니까 어떻게 해야 할지 길이 보였다. 그 넓디넓은 공항에서 엄마와 게이트 앞에서 작별 인사를 하고 울면서 정신이 없었는데, 막상 나 혼자가 되니까 공항 내부에 수없이 많은 표지판과 바닥의 화살표가 눈에 들어왔고 그대로 따라갔다. 화살표를 잘 읽고 따라갔더니 내 비행기가 있는 게이트에 잘 도착했다. 울면서도 정신을 바짝 차리니 해낼 수 있었다.

지금까지 혼자 해 버릇하지 않아서 우리가 어른이 되어서도 잘하지 못하는 것들이 있다. 어른이라고 모두 독립적이고 주체적으로 자기 삶을 살아가는 것이 아니라는 사실도 내가 어른이 되어보고서야 알았다. 하지만 괜찮다. 하나씩 혼자 해나가다 보면, 정신 바짝 차리고 깨어 있어 실행하고 배워 나가면 곧 그것도 잘 할 수 있게 된다. 그러니 용기를 가지고, 눈을 크게 뜨고 도전해 보자.

낯선 환경에서도 순간적 상황 판단과 빠른 적응 능력, 그리고 우리 살길을 찾아내는 능력도 학습할 수 있다. 이처럼 독립적으로 사고하고 실행하는 능력을 학습하는 데 늦은 나이란 없다. 지금 우리 나이가 몇이든, 어떤 상황이든 상관없다. 지금 상황에서 할 수 있는 것 중 쉬운 것부터 찾아서 조금씩 해보자.

내가 원하는 것을 하고 산다

외부의 목소리와 내면의 소리

지구에서 우리 인생은 유한하다. 누구나 아는 사실인데 그것을 망각한 채 우리는 많은 시간을 낭비하고 또 나중에 후회할 결정을 내리며 산다. 그래서 나는 우리가 원하는 것, 우리가 가치를 두는 의미 있는 일을 하며 살아야 한다고 생각한다. 내가 하고 싶은 것이 있으면 시간이 걸리더라도 한다. 해낸다. 성취하고 싶은 것이 있으면 성취한다. 같은 원리로 내가 원하지 않는 것은 하지 않는다. 내게 맞지 않는, 적성에 맞지 않고 또 즐겁지 않은 일은 하지 않는다.

앞서 나눈 한 정치인의 국제 업무를 맡아 도와드렸던 시절의 이야기로 돌아가서, 그때 내 선택에는 여러 이유가 있었지만 나 자신의 직감(Gut Feeling)보다 다른 분들의 이야기와 판단을 더 믿고 무게를 두어 결정하게 된 것도 컸다. 그래서 1년 정도 이 일을 해보기로 했던 것인데, 업무 시작과 동시에 해외 출장을 가게 됐고 그 타국에서 나는 이 일이 나와 뭔가 맞지 않는다는 느낌을 받았다.

고작 하루 동안 해외에서 고위 한국 정치인의 보좌 업무를 경험했을 뿐인데 나는 '이 일이 생각했던 것과는 매우 다르구나, 이 직무가 상당히 어렵고 고될 수 있는 일이구나.' 하는 느낌이 왔다. 다른 무엇보다 일이 개인적으로 나와 잘 맞지 않는다는 생각이 컸다. 어떤 이에게는 무척 재미있고 적성에 맞는 보람된 일일 수 있겠지만, 나에겐 아니었다. 그 일을 하는 동안 맺게 된 소중한 인연도 있었고, 배운 점도 많았고, 감사한 분들도 많았다. 그럼에도 분명한 건, 나는 그 일을 즐기거나 신나서 한 적이 한 번도 없었다는 사실이다.

이미 많은 것들이 내게 이 일을 하기로 한 결정에 대해 다시 생각해 보라고 신호를 보내고 있었지만, 나는 또 무력해졌다. 감히 내가 이제 와서 하지 않겠다고 말할 수 있을까. 번복할 수 있을까. 그건 도리가 아닌 것 같은데.

지금의 나라면 나는 더 일찍 그 일을 그만두었을 것이다. 내가 보좌했던 그분께 정중하게 사과드리고, 적어도 6개월은 더 일찍 UN 진출을 위한 시험 준비 등 본격적인 단계를 밟았을 것이다. 하지만 나를 제외한 모두가 당시에 그건 아니라고 했다.

나를 누구보다 믿어주시고 내 결정을 존중해 주시고 지지해 주시는 엄마조차 안 된다고, 버티라고 하셨다. 아빠한테는 이런 고민을 말씀조차 드릴 수 없는 상황이었다. 내 커리어와 관련된 변화를 부모님께서 더 걱정하시고 두려워하셨다. UN 진출을 위해 내가 상담받았었던, 실제 UN에서 일하셨던 커리어 코치 멘토님께서도, 이력서에 넣을 수 있는 경력을 한 줄이라도 더 써넣기 위해 계약기간 동안은 버티라고 하셨다.

그때까지 내 내면의 목소리보다 남의 의견을 채택하는 버릇이 있던 나는 결국 버텼다. 그로 인해 매일 내 마음에는 비가 내렸는데 그래도 이 결정이 맞는 거겠지, 생각하며 그 시기가 지나가기만을 바랐다.

하지만 그 일을 계약기간까지 마치고 난 바로 그다음 날 내 상태를 보고 깨달았다. 나 자신을 위해서라면 더 빨리 그만뒀어야 했다는 것을. UN 진출을 위해 당시 외교부에서 실시하던 Junior Professional Officer(JPO), 다시 말해 국제기구초급전문가 시험을 준비하면서 나는 공부가 고되었지만 날아다녔다. 내가 주도적으로 목표를 설정하고 몰입하니 실제로 더 빠르게 배우고 더 오래 집중할 수 있었다.

먼저 JPO 1차 관문을 위해 TEPS 시험을 준비했다. 당시 990점 만점에 930점이 훨씬 넘어야 안전하다는 소문이 있어 나는 공부 계획을 짜서 체계적으로 시험 준비에 돌입했다.

또 TEPS에서 만족할 만한 점수를 받고 나서 곧바로 제2외국어 스피킹 시험을 위해 중국어를 아예 새롭게 시작했는데(미국에서 대학교 재학 중에 프랑스어를 배우긴 했지만, 그냥 새롭게 중국어를 배워보고 싶었다), 중국어를 시작한 지 2개월 만에 HSK 4급 시험에 합격했다. HSK 시험을 잘 봤다고 해서 그게 곧 중국어가 매우 뛰어나다는 뜻은 아니지만, 나는 그때 스스로 원하는 일을 했을 때 발휘되는 몰입력과 배움의 속도에 감탄했다. 그때는 마치 날개를 달고 펄펄 날아다니는 것만 같은 느낌이었다.

그 외에도 JPO 영어 필기와 영어 그룹 토의 시험을 위해 국제 주요 이슈에 대해 내 생각을 정리하고 또 뉴스 신문 기사도 열심히 찾아보며 공부했다. 집에서는 쉽게 산만해져 집 주변에 있는 스타벅스 등 카페나 도서관에서 집중해 공부했다. 쉽지 않은 공부였지만, 내가 주도적으로 내 삶의 방향을 정하고 앞으로 나아간다는 생각이 커서였는지 마음만은 정말 편했다. 이래서 사람은 자기가 정말 하고 싶은 것을 하면서 살아야 하는구나. 반대로 하고 싶지 않은 것은 최대한 하지 않을 수 있는 방법을 찾는 것이 도움이 되겠구나, 그렇게 생각했다.

원하는 것을 하는 삶

내가 원하는 것을 한다. 매우 간단하고 당연히 그래야 한다는 느낌을 받지만, 이를 실제로 삶에 적용하고 사는 사람은 생각보다 드물다. 일단 자신이 무얼 원하는지, 무엇을 할 때 가장 즐겁고 능력이 최대치가 되고, 자신이 어떤 성향의 사람인지에 대해서부터 잘 모르는 경우가 많다.

자신에 대해 잘 알고, 자기 내면을 들여다보고, 성향을 파악하는 데에도 많은 시간과 꾸준한 노력이 필요하다. 어쩌면 많은 사람이 지금껏 그런 기회를 얻지 못했을 수 있다. 전통적으로 우리는 '나'라는 개인보다는 우리를 중요시하도록 학습되었고, 내 내면의 소리에 귀 기울이는 것보다 부모님, 선생님, 직장 상사, 더 나아가 이 사회가 우리에게 보내는 메시지에 더 신경을 쓰도록 프로그래밍되었다. 또 기본적으로 외부의 노이즈가 많은 것도 사실이다. 너무 오랜 기간 프로그래밍된 부분이라 시간이 다소 걸릴 수 있지만, 우리는 과감하게 이를 언런해야 한다. 언런하는 순간 새로운 삶이 시작될 수 있다. 새로운 기회와 세상이 열린다.

자기 자신이 어떤 성향의 사람인지, 어떤 것을 하기를 좋아하고 즐기는지 또 잘하는지를 아는 것은 매우 중요하고, 그를 위해 우리는 생각할 시간을 확보해야 한다. 이것이 내가 말하는 깨어 있음에서 매우 중요하다.

또 원하는 것을 하지 못하는 다른 이유가 있을지도 모른다. 자신에 대한 파악은 되었는데, 자신이 원하는 일이 매우 어려운 일이거나 오랜 시간과 돈이 투자되어야 하는 일이라 미처 시작조차 못 했을 수도 있다. 지레 겁을 먹고 포기했을 수도 있다. 그게 아니라면 매일 먹고 사는 게 바빠서, 그것 외에는 여력이 없어서 정말로 원하는 것을 시작할 수 없는 경우도 있을 것이다. 하지만 정말 자신이 원하는 것을 하는 삶이 최고라고 말하고 싶다. 그래서 이런 여러 가지 이유가 있었더라도, 지금 위치와 상황에서 할 수 있는 작은 것부터 시작해 보라고 권하고 싶다. 시간이 걸리더라도 우리가 원하는 것을 하고 원하는 삶에 집중하자.

내가 말하는 '원하는 것을 하고 산다'의 범위는 매우 넓다. 직업적인 것일 수 있고, 취미나 문화생활 혹은 우리의 버킷리스트와 관련된 것일 수도 있다.

어릴 적에도 내가 하고 싶은 것을 시도조차 못했던 기억이 있다. 내가 초등학교 2학년 때, 우리 학교에는 고전무용 동아리가 있었다. 동아리라고 하기에는 꽤 조직적으로 잘 갖춰지고 지도 선생님도 계셔서 학생들이 연습도 꾸준하게 했던 것으로 기억한다. 무용 콩쿠르 등에도 그 고전무용반 친구들이 꾸준히 출전했던 것으로 기억한다. 어린 나이임에도 큰 무대에서 아름다운 한복을 입고, 버선을 신고, 나풀나풀 춤을 추는 무용반 친구들이 정말 멋있어 보였다. 그래서 고전무용반 담당 선생님께서 내게 무용반에 들어오지 않겠느냐고, 엄마께 여쭤보고 말해달라고 하셨을 때 나는 가슴이 두근거렸다. 하고 싶었다. 그런데 국어, 영어, 수학 등의 보습 학원이나 피아노 학원, 미술 학원까지도 다녀봤지만, 무용반에는 합류할 수 없었다. 당시 엄마는 이렇게 말씀하셨다. 무용은 돈이 많이 들고, 그 선생님도 그냥 지나가는 말로 한 것일 뿐, 내게 특별한 재능이 있어서 하신 말은 아니라고. 그 말씀이 전부 사실일 수 있지만, 그래도 나는 배워보고 싶은 마음이 있어서 아쉬웠다.

그런데 그로부터 거의 30년이 지난 지금 나는 한국무용을 배우고 있다. 아름다운 연지색 풀치마를 입고, 하양 무용화를 신고, 등에

숨겨둔 꽃 소품을 꺼내어 춤으로 내 감정과 메시지를 전달한다. 한국 전통무용의 핵심인 팔 움직임의 완급 조절과 춤 선은 아직 내게 낯설지만, 배움을 이어가며 내가 어떠한 춤 선을 표현할 때 예쁘고 또 춤을 추면서 어떤 감정 표현을 잘하는지 나에 대해 알게 됐다. 무용학원 거울 속, 풀치마를 입은 내 모습이 나는 마음에 든다.

하고 싶은 것을 한다.
하고 싶은 것을 한다.
하고 싶은 것을 한다.

이렇게 계속 나 자신에게 되뇌다가 생각해 보니 배우지 않을 이유가 없었다. 이제 내가 돈을 버니까 해보고 싶었던 그 무엇이든 배우면 된다. 이런 식으로 내가 원하는 것은 무엇이든 배운다는 마음으로, 최근에는 열심히 일하면서 취미로 발레도 배웠고, 1일 드로잉 클래스도 해봤고, 줌바도 배웠다. 현재는 한국 전통무용을 배우면서, 자이로토닉을 시작해서 배우고 있다.

언런과 나를 아는 것

우리가 하고 싶은 것을 하지 않고 사는 데에는 다양한 원인이 있겠는데, 그 기저에는 '내가 뭐라고 꿈을 꾸고 원하는 삶을 살아.' 하고 생각하는 마음이 있다고 생각한다. 어려서부터 가정 내에서, 주위에서,

혹은 학교에서, 커서는 회사에서 지속적으로 주입된 생각 중 하나라고 본다. 이처럼 뿌리 깊은 부정적인 관념에 대한 해법으로서 **언런**이라는 개념을 처음 접한 건, UCLA 사회학 수업에서였다. 우리는 좋은 것을 배우기도 하지만, 때때로 전혀 도움이 되지 않거나 사실이 아닌 것들을 가정이나 사회 속에서 익히게 된다. 언런은 이러한 잘못된 배움이나 프로그래밍을 의식적으로 비워내는 행위다. 또한 무의식적으로 우리 내면에 오랜 시간 새겨진 고정관념과 우리 자신의 한계에 대해 잘못된 믿음을 의식적으로 지워내는 과정이 바로 언런이다. 자, 우리 안에 깊게 자리 잡아 우리를 위축시키는 그 목소리를 이제는 지워버리자. 누가 뭐라고 하든 우리 모두는 진실로 원하는 것을 하면서 행복할 권리가 있는 소중한 사람들이다.

자, 소리 내어 여러 번 말해보자. 반복해서 말해야 예전의 건강하지 못했던 생각을 언런하고, 우리 마음을 다시 새롭게 세팅할 수 있다.

마음 세팅을 위한 메시지

이전의 것들을 언런하고 내 마음을 새롭게 세팅하기 위해 나는 나 자신에게 다음과 같이 꾸준히 말해본다.

나는 존중받기에 충분한 사람이다.

나는 꿈을 꾸기에, 원하는 것을 하기에 충분한 사람이다.

나는 내가 진실로 원하는 것, 하고 싶은 것을 하고 산다.

시간이 조금 걸리더라도 나는 내가 원하는 것을 한다.

나는 소중하다.

나는 사랑받기에 충분한 사람이다.

나는 좋은 아이디어를 가졌고 그것을 제시할 수 있는 사람이다.

나는 무궁무진한 발전 가능성이 있는 사람이다.

나의 의견은 우리 사회, 나아가 세상을 바꿀 수도 있다.

나는 더 좋은 조건으로 이직할 수 있는 역량을 갖춘 사람이다.

나 자신이 소중한 것처럼 다른 사람도 소중하고 마땅히 존중받아야 한다. (나 자신을 소중히 생각하는 것처럼 다른 사람도 소중히 생각하고 배려한다. 이것이 성경에서도 말하는, '남에게 대접받고자 하는 대로 너희도 남에게 대접하라'는 황금률이다.)

이에 더해서 평소에 내가 남을 배려하는 것처럼, 나 자신도 챙기고 돌본다.

이렇게 소중한 우리 한 사람 한 사람이니, 나 자신이 무엇을 좋아하는지, 1년, 5년, 10년 안에 성취하고 싶은 목표가 무엇인지 고민하고 생각할 시간이 필요하다. 앞장에서 본 '깨어 있어' 적극적으로 '생각하는' 능동적인 삶을 살자는 말과도 일맥상통한다. 우리가 '깨어 있어야' 우리 자신이 좋아하고 잘하는 것, 이루고 싶은 것, 내가 추구하는 가치, 소명, 사명에 대해서도 깊이 고찰할 수 있는 것이다.

자신에 대한 깊은 이해와 탐구가 뒷받침될 때, 비로소 진심으로 원하는 꿈의 목록을 채울 수 있고, 동시에 내가 원하지 않는 것들에 대해서도 분명히 알게 된다. 또한 그러한 작업이 이미 되어 있다면 다른 누가 와서 나를 흔들어도 흔들리지 않고 나의 길을 걸어갈 수 있다.

이 작업이 나에게도 제대로 이루어지지 않았기에, 지금까지 살아오며 참 많이 흔들릴 수밖에 없었다. 늘 타인이 하는 말에 더 귀를 기울였고, 내 내면의 소리에는, 나 자신의 바람에는 다소 무심했다. 내 내면의 소리를 따를 용기가 없었다. 하지만 지금까지 타인의 소리에 더 귀를 기울였다가 마음고생한 경험이 앞서 나눈 사례 외에도 상당히 많았다.

나를 ― 믿어주자. 나 자신을 ― 챙겨주자. 우리가 평소에 가족을, 회사 동료와 상사, 친구를 챙기고 배려하는 것처럼 우리 자신도 챙겨주고 돌봐 주자.

나 자신을 좀 더 잘 이해하고 파악할 수 있도록, 혼자 조용히 생각할 수 있는 시간을 확보해 보자. 그 조용한 시간을 통해 내가 진실로 원하는 것, 이루고 싶은 것을 하나하나 기록해 보자. 그렇게 내가 원하는 삶에 대한 이해를 향상시킨 후 우리는 우리가 원하는 삶을 살아야 하니까. 자, 이제 행동(Action) 파트로 넘어가 보자. 행동과 실천 없이는 원하는 삶을 살 수가 없다. 그래서 결국 중요한 건 '실행력'이다!

Chapter 2

실행하라,
실행력 업!

아무것도 하지 않으면
아무 일도 일어나지 않는다

뭐라도 시작해야 달라진다

정말 어떻게 보면 당연한 말인데, 이 문장을 되뇔 때마다 무릎을 '탁' 치게 된다.

아무것도 하지 않으면 아무 일도 일어나지 않는다.

그 사실을 뒤집어보면, 지금 우리 삶이 지루하고 단조롭기만 하다는 건 결국 우리가 아무것도 하지 않고 있다는 뜻이기도 하다. 반복되는 출퇴근, 매주 똑같은 주말, 그리고 무의식적인 SNS 루틴으로 정리되는 단조로운 삶. 왜? 네/내가 아무것도 안 하니까! 의식적으로 새롭게 시도하거나 추가하는 부분이 전혀 없으니까!

최근에 인스타그램에서 개그맨 박명수 님이 출연한 릴스를 보게 됐다. 그분이 하신 말씀이 바로, 우리는 계속 뭔가를 해야 한다는 것이었다. 예를 들자면, 유튜브 채널 '할명수'에서 자동차 테슬라를 리뷰한 적이 있었다고 한다. 유튜브를 처음 시작했을 때 어려운 시기가 분명히 있었지만, 그 리뷰가 잘되어 그를 계기로 다른 자동차 회사에서 박명수 님에게 행사를 의뢰했다고 한다. 이 예시에서처럼 뭔가를 계속하다 보면 새로운 기회로 연결이 되고, 그럼으로써 새로운 무언가를 만들어낼 가능성이 커진다!

만약 현재 지상파 방송 프로그램에 나가지 않고 있다면, 유튜브 채널에 출연하기도 하고, 작지만 새로운 컨텐츠를 만들기라도 해 봐야 한다는 것이다. 뭔가 자그마한 행동일지라도 일단 하면 그것으로 인해 새로운 인맥이 생길 수 있고, 기회의 문도 열릴 수 있다.

때마침 박명수 님 앞에 종이 몇 장이 있었는데, 그분은 우리가 하다못해 종이라도 접어봐야 한다고, 가볍고 작은 행동이라도 일단 취하고 봐야 한다고 말씀하셨다. 정말 공감한다. 아무런 행동도 취하지 않으면서, 어떤 노력도 하지 않으면서 뭔가 좋은 일이 일어나고 마법처럼 꿈을 이루기를 바라는 것은 앞뒤가 맞지 않는다. 지금 우리 앞에 있는 종이 혹은 다른 무엇이라도 접어보고 시도해 보아야 한다. 가만히 있지 말고 일단 일어나서 뭐라도 해야 한다. 깨어 있어 생각을 하면서 행동을 취해야 한다. 실행해야 한다.

여기에 더해 내가 좋아하는 아인슈타인의 유명한 말도 떠오른다. 매번 똑같은 일만 반복해서 하면서, 매번 같은 방식으로 시도하면서, 그것에서 뭔가 다른 결과를 기대하는 것은 바보 같다는 소리다.

이 두 가지를 종합하면, 똑같은 (불규칙적이거나 그다지 건강하지 못한) 식습관이나 매번 똑같은 생활 패턴, 생활 방식과 마음가짐으로 삶을 살아간다면 무언가 더 좋게, 더 나은 방향으로 우리 삶이 달라질 가능성이 없다.

나는 이 두 가지를 내 삶에 하나씩 적용해 보며, 자신에게 이렇게 말했다.

매번 회사 갔다 집에 오고 아무것도 새롭게 시도하거나 새로운 방식으로 하는 것이 없는데, 네 꿈 목록의 일들이 저절로 이뤄질 거라고 생각하는 것은 이치에 맞지 않지?

뭐라도 새롭게 해 봐야지. 뭔가를 예전에 시도했는데 결과가 그냥 그랬다면 좀 다르게, 다른 각도로 시도해 봐야지. 매번 똑같은 방식으로 하는데 어떻게 결과가 달라질 거라고 생각해? 아인슈타인도 그런 거는 소위 '바보 짓(Insanity)'이라고 했어.

아래는 실제로 내가 이러한 바보 짓을 벗어나기 위해 고안한 사고 과정이다.

바보 짓에서 벗어나기

(1) 아침에 계속 속이 쓰리고 힘이 없다고? 그럼 아침에 일찍 일어

나서 뭐라도 하나 먹고 출근해. 공복에 커피만 마시고 오전 업무를 하니까 속이 안 좋지. → 그래, 간단하게라도 뭘 먹고 나가자. 삶은 달걀, 혹은 토스트 한 조각이라도 먹고 나가자. 그렇게 결심한 이후로, 나는 아침 식사 습관을 꾸준히 실천하고 있다. 속이 훨씬 편해졌고, 덜 피곤하다. 그리고 아침에 뭔가를 먹으니 저녁에 음식을 몰아 먹는 일도 자연스럽게 줄어들었다.

(2) 회사에서 더 높은 리더십 포지션으로 가고 싶다고? → 그렇다면 지금까지의 업무 스타일만 고수해서는 부족할 수도 있다. 더 직급이 높은 동료와 매니저에게 그들의 성공 팁을 물어보자. 고참들은 어떻게 생각하고, 어떻게 자기계발을 이어가고 있는지 배우자. 또 내가 회사에서·부서에서·팀에서 어떻게 일하고 있는지 다른 이의 피드백을 구해 보자. 그래야 잘하고 있는 부분, 더 공부하고 역량을 키워야 할 부분이 더 잘 보이겠지. (*이를 잘하기 위해서는 뒤의 '물어보기' 챕터를 정독하시길 권한다)

이렇게 마음먹고서부터는, 회사 동료들에게 커피를 마시거나 점심을 같이 먹자고 제안하고 그 시간을 활용해서 그들의 성공 노하우에 대해 배우고 있다. 여러 국적과 배경의 동료들과 이야기하고 커피나 점심을 함께하는 일 자체는 어렵지 않은데, 먼저 내가 밥을 함께 먹자고 제안하고 궁금한 것을 물어보고 하는 바로 그 부분이 내게 아주 자연스럽지는 않다. 그래서 어렵다.

어려운 일이지만, 내가 그들에게서 배울 점도 많고 그 부분이 내 성장에 중요하기 때문에 내가 먼저 다가간다. 그리고 그렇게 이야기를 나누면서 내가 그들을 도울 수 있고, 조언할 수 있는 부분이 있다면 나도 기꺼이 즐거운 마음으로 돕는다. 이렇게 다른 직업적 배경과 국적의 동료와 이야기를 나누는 것만으로도 내 세계가 넓어진다.

기억하자. 아무것도 하지 않으면 아무 일도 일어나지 않는다. 예전에 했던 방식을 그대로 고수한다면 결과가 그 전보다 더 크게 좋아질 가능성은 낮다. 우리가 원하는 목표, 원대한 꿈에 다다르기 위해 우리는 지금 이 순간 뭐라도 해야 하고, 예전에 큰 성공을 거두지 못했다면 그때와는 다르게 시도해야 한다. 성공의 관건은 결국 실행이다. 지금 우리가 있는 자리에서 할 수 있는 뭐라도 일단 해보는 것이다.

다짐에서 실행까지
걸리는 시간

완벽히 준비된 순간은 절대로 오지 않는다

나는 자기계발서 덕후이다. 언제나 성장하고 어제보다 오늘 더 발전된 모습으로 사는 것이 내겐 매우 중요한 가치라서, 수많은 자기계발서를 읽고 또 읽는다. 읽어도 읽어도 재미있고, 늘 새로운 것을 적어도 하나는 배운다.

그동안 여러 자기계발서와 다양한 분야의 책을 읽으며 마음에 남았던 말이 있다. 바로 '세상에서 가장 먼 거리는 우리 머리에서 손과 발까지의 거리'라는 말이다.

왜일까? 우리는 하루에도 머리로 수만 가지 생각을 하고 다짐을 하는데, 정작 그 생각과 결심이 실제 행동으로 이어져서 손과 발을 몸을 움직이는 데에는 보통 아주 많은 시간이 걸린다는 관찰에 근거한 것이다.

정말 그렇다. 나에게도 오랫동안 생각만 하고, 뭔가를 하자는 결심만 하고, 행동으로 옮기지 않은 경험이 꽤 많았다. 그래서 달라져야겠다고 결심한 후부터 나는 무언가를 결심하면 의도적으로 무조건 빠르게 실행에 옮긴다. 빠르게 실행해야 하는 이유는 조금이라도 머뭇거리면 결국에는 그것을 하지 않을 가능성이 커지기 때문이다. 심리학자 피터 홀린스도 저서 《어웨이크(Awake)》에서 설령 준비가 덜 되었다고 느껴져도 망설임 없이 행동에 나서는 습관을 키워야 한다고 말했다.* 실질적으로 새로운 일을 시작할 완벽한 시기란 절대 존재하지 않기 때문이다.

무언가에 대해 실행이 빠르면 그 시도를 통한 배움과 피드백도 자연히 빨라져서, 설사 그 첫 번째 시도가 '실패'였더라도 그 과정에서 많은 것을 배울 수 있다. 그렇게 배운 것을 통해서 두 번째 시도, 세 번째 시도에서는 전보다 훨씬 개선된 모습으로 보다 수월하게 그 일을 진행할 수 있게 된다.

전설적인 처세술 전문가이자 자기계발서의 대가였던 데일 카네기(Dale Carnegie)도 즉각적 실행에 대한 중요성에 대해 이렇게 설명했다.

"행동하지 않으면 의심과 두려움이 자란다. 그러나 행동을 시

---

* 피터 홀린스, 《어웨이크》, 제4장 〈시작은 기적을 일으키는 유일한 방법이다〉, 포레스트북스.

작하면 자신감과 용기가 커진다. 두려움을 극복하고 싶다면 가만히 앉아서 생각만 하지 마라. 밖으로 나가서 바쁘게 움직여라."

예를 들어, UN·국제기구에서만 벌써 10년 가까이 커리어를 쌓아온 나는 국제기구 내에서 지속적으로 성장하고 역량을 쌓고 승진하는 데에 관심이 많다. 나는 특히 세부적으로 특화된 단일 분야에서만 오래 머무르는 것이 아니라, 조금씩 나의 활동 반경과 전문 분야를 더 넓히면서 승진하는 것을 추구하는데, 당연히 이 두 가지를 위해서는 보다 많은 노력과 이를 위해 공들인 시간의 축적이 요구된다. 이처럼 어려운 일이니만큼 나는 쉬지 않고 이에 대한 노력을 계속하고 있다. 이를 위해 해야 하는 일을 미루지 않고 즉각적인 실행을 취해오고 있다.

어떻게? 평일에 아주 바쁘게 눈썹을 휘날리며 열정적으로 회사에서 일을 하고, 짬짬이 주말이나 퇴근 후 시간을 이용해서 내 영문 이력서를 업데이트한다. 또, UN·국제기구 채용 공고를 보면 현재 내 직급보다 훨씬 더 높은 직급이어도 일단 이력서와 커버레터를 성심껏 준비해서 지원서를 제출한다. UN·국제기구 채용 절차는 국내 기업이나 기관의 프로세스보다 훨씬 더 많은 시간이 소요되고 (길게는 1년에 가까운 시간이 채용 절차에 소요된다), 더 많은 스텝의 시험과 인터뷰, 역량 관련 면접, 프레젠테이션 등이 요구된다.

여러 포지션에 일단 지원서를 넣고 기다리면 2, 3, 4, 5차 혹은 최종 단계까지도 가는 경우가 있는데, 그 모든 프로세스에 최선을 다해 임하고, 결과가 어떻든지 이 작업을 멈추지 않는다. 나는 정말 부지런하게, 나의 성장과 발전을 위한 노력을 시도했고, 빨리 시작한 만큼 또 많이 배웠고 노하우도 꽤 생겼다.

다짐에서 실행까지의 간격을 줄이는 것, 그게 내가 배운 가장 큰 교훈 중 하나였다. 내 주변에 완벽주의 성향의 친구가 몇 있는데 프로젝트나 사업을 진행할 때, 아이디어 기획 단계에서의 완벽함에 너무 몰두하여 시작조차 하지 못하는 경우를 종종 목격했다. 하지만 이 세상에 100% 완벽한 기획이란 있을 수 없다.

페이스북 창립자 마크 저커버그도 이와 같이 말했다. "처음 시작할 때는 아무도 모른다. 아이디어는 완전한 형태로 나오지 않는다. 일을 진행하면서 점점 명확해지는 것일 뿐." 그러니 그냥 시작하면 되는 거라고 그도 강조했다. 사람들을 연결하는 데 필요한 모든 것을 미리 알고 시작하려 했다면, 페이스북은 결코 만들어지지 않았을 것이라고 그는 말했다.

완벽하게 준비된 뒤에 시작하는 게 아니다. 일단 시작하고 나서 조금씩 방향을 조정해 나가면 되는 것이다.

최근에 모델 한혜진 님의 인스타그램 릴스를 본 적이 있는데 정말 마음에 와닿는 말을 들었다.

"여러분, 뭔가를 해야 할 때 일단 하세요, 제발. 뭘 자꾸 마음을 먹고 멘탈을 관리하고… 마음먹을 생각을 하지 마. 그냥 해."

일단 우리가 깨어 있어 자기 자신을 더 잘 파악하고 이해하는 시간을 거쳐 어떤 행동을 취해야 하는지 간단한 리스트가 나왔다면, 그냥 실행해야 한다. 한혜진 님 말처럼 그냥 하면 된다. 이것저것 재지 말고 쉬운 것부터 일단 실행해 본다.

그렇다면 생각에서 실행까지의 시간을 좁히는 데 유용한 방법은 뭘까. 주변에서 나는 오늘날 '실행왕'으로 불린다. 실제로 회사에서 전 직원이 참여했던 갤럽 강점 검사(Clifton Strengths) 진단 결과에서도, 나는 성취와 실행력을 의미하는 '성취(Achiever)' 그리고 '행동(Activator)' 유형의 강점이 특히 두드러지게 나타났다. 하지만 내가 언제나 실행왕이었던 것은 아니다. 나도 하고 싶은 것에 관한 생각만 많고 그에 대한 아무 행동도 취하지 않으면서, 아이디어 위에서 뭉그적거리기만 하던 시기가 꽤 오랜 기간 있었다. 내가 오늘날의 실행력을 키우는 데에 도움이 되었던 몇 가지 방법을 다음 장에 소개해 보겠다.

실행력을 높이기 위한 방법

환경과 보상 세팅하기

실행력을 끌어올리는 데에는 여러 가지 방법이 있을 수 있는데, 내가 팔로우하는 해외 인플루언서 중 한 분인 멜 로빈스(Mel Robbins)가 소개한 아주 간단하면서도 강력한 방법을 소개하려고 한다. 무언가를 실행해야 하는 상황에서 주저할 틈을 주지 않고, '5-4-3-2-1'을 세고 난 후 바로 그 행동을 하는 것이다. 예를 들어, 미라클 모닝 루틴을 위해 아침에 일찍 일어나기를 실행한다고 할 때, 알람 소리에 눈을 뜨고 곧바로 5-4-3-2-1을 되뇌고 자리에서 벌떡 일어나는 것이다. 여기서 팁은 5초를 거꾸로 세고는 곧장, 그 원하는 행동을 취해야 한다는 것이다. 아 피곤하다, 조금 더 자고 싶은데, 오늘은 날이 추우니까 이불 속에서 조금만 더 있자… 이런 생각이 고개를 들이밀기 전에 곧바로 행동을 취한다는 것이다.

이 방법은 꽤 효과적이다. 뭔가 해야 하지만 귀찮다는 생각이 점점 더 확산되기 전에 그냥 5초를 거꾸로 세고 바로 한다. 일단 그냥 하기 시작하면 별거 아닌 것이 되더라. 뭔가를 일단 시작하는 데 이 '거꾸로 5초' 방법은 꽤 효과적이라고 생각한다. 이 방법에서 중요 포인트는 바로 이것저것 재지 말고 '그냥 한다'는 것이다. 고민을 멈추고 그냥 지금 바로 하자! 우리 인생이 바뀐다.

또 실행력을 향상시키기 위해 내가 써본 방법은 바로 <u>그 행동을 하기 쉽도록 환경을 세팅해 두는 것</u>이다. 나는 최근 들어 부쩍 건강에 관심이 커져서, 아침에 일어나면 바로 따뜻한 물 한 잔 마시는 것을 시작으로 비타민 등 영양제를 매일 챙겨 먹는 루틴을 만들었다. 이 루틴을 조금 더 실행하기 쉽게 하고자, 나는 아침에 일어나서 주방으로 향하면 바로 물을 끓일 수 있도록 전기 포트 옆에 즐겨 쓰는 예쁜 크리스마스 데코 컵을 그 전날 밤에 세팅해 둔다.

또 영양제 같은 경우도, 바로 먹을 수 있도록 식탁 위에 전날 밤 미리 세팅해 두고 잠이 든다. 바쁜 아침에 최대한 시간을 줄일 수 있도록, 이중 포장이 되어 있거나 새로 개봉해야 하는 영양제의 경우 박스에서 개봉한 영양제 통을 식탁에 올려둔다. 이렇게 완벽하게, 실행이 쉽도록 세팅을 해두어서 오히려 그 행동을 취하지 않는 게 어색할 정도로 세팅해 둔다. 이렇게까지 하지 않으면 그 행동을 매일 꾸준히 하지 않을 것이라는 점을, 나약한 나 자신을 매우 잘 파악하고 있기 때문이다.

또 한동안 아침을 먹지 않고 빈속에 커피만 마시는 생활 방식을 유지했는데, 더 건강하고 활력 있는 삶을 살고 싶어 간단하게라도 아침을 먹고 나가기로 결심했다. 그래서 아침에 루틴을 마치고 씻으러 가는 길에 냉장고에서 사과 하나와 두유를 꺼내 식탁에 올려둔다. 그러면 샤워가 끝나고 메이크업을 마치고 식탁 위에 있는 사과와 두유, 삶은 달걀을 먹게 된다.

또, 책을 쓰거나 중국어를 공부하는 등 책상에서 해야 하는 일의 경우, 책상 위에 미리 필요한 책과 노트북을 세팅해 두고 최대한 공부하고 싶은 욕망이 생길 수 있도록 조치를 취해 둔다.

나는 볼펜이나 샤프보다, 정성껏 깎은 연필을 사용하는 걸 좋아한다. 잘 깎은 연필을 노트, 다이어리와 함께 책상에 놓아두면 자연스럽게 그 자리에 앉고 싶어지는 분위기가 만들어진다. 그렇게 나를 책상 앞으로 이끄는 환경을 먼저 조성해두는 것이다.

배우 진서연 님은 다음 날 새벽에 쉽게 운동하러 밖으로 나갈 수 있도록, 그 전날 밤 아예 운동복을 입고 취침하신다고 한다. 이에 나도 깨달은 바가 있어, 한동안 운동을 쉬다가 다시 시작해야겠다고 정하고는 집에서 미리 예전 필라테스 운동복을 입어 보기 시작했다. 운동복을 입어 보는 것만으로도 '눈바디' 측정을 할 수 있게 되어 도움이 됐고, 이제 새롭게 자이로토닉 레슨을 받을 때 착용할 운동복과 양말을 미리 가방에 넣어 준비하게 됐다. 운동을 다시 하기로 정한 후에도 이렇게 준비할 것이 있었다. 조금씩 가볍게 준비를 하다 보니 어느새 내 첫 번째 공식 자이로토닉 레슨 날짜와 시간도 정해졌다. 며칠 후에 있는 수업 시간에 맞춰 학원에 잘 찾아가기만 하면 된다.

이렇게 사소한 보상이라도 환경을 세팅하여 내게 동기부여가 될 수 있도록 함으로써 실행력을 향상시키게 됐는데, 아직도 조금 내가 아쉬운 부분은 바로 아침에 더 일찍 기상하는 일이다. 나는 더 일찍 일어나서 차분하게 내게 가장 중요한 공부나 일을 한 다음 출근하고 싶은데, 아직 나를 벌떡 일어나게 할 만한 보상 방법이나 환경 혹은 분위기 같은 요소를 찾지 못했다. 그래서 계속해서 찾는 중이다.

가끔 저녁을 간단히 먹어서 잠자리에 들 때 배가 좀 허전하면, 나는 다음 날 아침 일찍 일어나서 내가 먹을 수 있는 맛있는 사과나 아몬드 버터 토스트를 생각한다. 그렇게 다음 날 아침 일찍 일어나면 곧장 누릴 수 있는 '보상'을 생각하면 그나마 조금은 일찍 일어날 수 있는 것 같다. 이 보상의 크기보다 자도 자도 피곤한 내 몸의 현 상태가 더 커서 아직 기상 시간 안정화 부분에서 큰 성과를 못 내고 있지만, 내게 더 잘 먹힐 환경과 보상 세팅 방법을 부지런히 찾는 중이다.

딱 1분만 투자하자

우리가 해야 할 일, 우리의 꿈을 위해 실행해야 하는 그 일을 위한 최적의 환경까지 세팅이 되었는데도 도무지 몸이 말을 듣지 않는다면? 그럴 때는 일단 1분이라도 그 일을, 혹은 그 일의 실행을 위한 준비 작업을 한다. 예를 들어, 운동을 하기로 결정했다면 1분 동안 스쿼트나 플랭크 자세를 취해본다. 이러한 동작을 할 때 1분도 꽤 긴 시간일 수 있으니 두어 번 나눠서 해도 좋다. 1분을 하고 멈추더라도 1분 동안 가볍게 매일 그것을 하는 것이 중요하다. 1분이 곧 2분, 10분, 30분으로 자연스럽게 늘어나게 되고, 매일 30분씩만이라도 그 과제를 수행하면 우리는 머지않아 목표 달성을 위한 아름답고 건강한 습관을 장착하게 된다.

매일매일 꾸준히 내 꿈을 위해 해야 할 일을 한다는 것. 생각만큼 쉽지 않다. 쉽지 않기 때문에 매일 꾸준히 실행력을 연습하고 내공을 쌓아온 사람들이 정말 대단한 것이고, 그만큼 놀랍고 눈부신 성과를 낼 수 있는 것이다.

나도 요즘 들어 이 '매일'의 힘을 알게 됐다. 처음부터 너무 힘과 의지를 많이 써서 작심삼일로 가기보다는 매일 조금씩, 꾸준히 내가 해야 하는 일을 해보기로 결정했다.

나는 '매일' 조금씩 연습해서 예전엔 불가능했던 일자 뻗기를 할 수 있게 됐다. 발레핏을 처음 배우기 시작했을 때 나는 일자 뻗기가 완벽하게 되지 않는 상태였다. 더 늘려보려고 애를 써도 내 근육이 그보다 더 유연해지는 것이 불가능해 보였다. 그런 상황에서 일자 뻗기를 정복해 보고 싶다는 생각이 들었고, 매일 퇴근해서 씻고 집에서 쉴 때 폼롤러를 가지고 일자 뻗기를 연습해 보기 시작했다. 가벼운 마음으로 되든 안 되든 매일 연습했다. 거실에서 TV를 보면서도 연습했고, 옆에 반려견을 앉혀 놓고도 연습했다. 폼롤러를 앞에 두고 일자 뻗기를 한 채로 거실에서 잠이 든 적도 있다. 몸의 긴장을 풀되 최대한 다리는 180도로 찢으려 노력했다. 전에는 절대 불가능해 보였던 일자 뻗기가 어느 날 나도 모르는 사이에 완벽해져 있었다. 그때의 성취감과 기쁨이란! 다른 사람이 일자 뻗기가 완벽하게 되는 나를 신기해하며 비결을 묻는데, 매일 조금씩 꾸준하게 연습한 것이 바로 비결이다.

또 하나 나의 성공 사례를 소개하자면, 내가 독일 본 소재의 UN 기후변화협약사무국에서 근무할 당시 뭘 많이 먹는 것도 아닌데, 음식 자체가 달라서 그랬는지 나도 모르는 사이 체중이 늘어 있었다. 그래서 그때 충격을 받고 나만의 다이어트에 돌입했었다.

그때 나만의 완벽한 다이어트를 위해 시도했던 루틴이 몇 가지가 있는데, 식이요법을 하면서 식사량을 줄이고, 저녁 식사는 아주 간단히 저녁 7시 이전에 끝내려고 노력했다. 매일 아침 샤워하고 출근 준비를 하기 전에 체중계로 몸무게도 확인했다. 확실히 몸무게를 매일 확인하니 더 의식적으로 다이어트를 할 수 있게 됐고, 수치가 보이니까 내가 잘하고 있는지 어떤지 확인할 수 있었다. 또 내가 매일 했던 것이 바로 스쿼트 50개였다. 시간도 별로 안 걸리고 집에서든 어디서든 할 수 있는데 그 효과가 정말 좋았다. 매일 하다 보니 쉬워져서 스쿼트 50개 이상을 한 날도 있다. 이렇게 매일 꾸준하게 실행한 결과, 나는 당시 내 인생 최저 성인 몸무게를 유지했다. 그때 성취에 의한 만족감도 컸고 몸도 가볍고 활력이 있었다.

'조금씩 꾸준히' 이 방법은 로버트 마우어의 저서 《아주 작은 반복의 힘 (One Small Step Can Change Your Life)》을 읽고 나서 내 일상에 적용해 오고 있다.

가장 단순하고 가장 쉬운 것부터 시작하라!
목표를 달성하는 유일한 길은 <u>작은 일의 반복</u>이다.

정말 주옥같은 말이다. 그래서 나는 내 첫 자기계발서인 이 책을 집필하기로 한 뒤, 매일 퇴근하고 나서 단 5분이라도 글을 쓴다는 생각으로 이 일을 실행해 왔다. 이 글을 쓰고 있는 오늘까지 벌써 1주일이 됐는데, 지금까지 하루도 쉰 적은 없다. 이대로 쭉, 즐거운 마음으로 책의 마지막 페이지까지 완성해서 출판까지 갈 계획이다. 작은 일을 반복해서 하다 보면 그 작은 일에 대한 성취감도 쌓이고 쌓여 일상에 더 활력이 나고 자신감도 생긴다. 내가 뭔가 작지만 중요한 일을 매일 해내고 있다는 생각도 들어 자기효능감도 높아진다. 하지 않을 이유가 없는 정말 '꿀팁'이다.

또 하나의 팁? 이렇게 아주 작고 작은 스텝으로 쪼개서 실행하기 아주 쉽게 만들어 두었는데도, 그냥 그 일을 하고 싶지 않은 날이 있을 수 있다. 놀고 싶거나, 뭐 다른 걸 하고 싶다거나 그럴 수 있다. 이럴 때 나 자신에게 먹히는 방법은 바로 이것이다. 놀고 싶다는 생각이 들 때, 나는 나 자신에게 말한다. "근데 너도 알잖아. 노는 것도 2시간 정도 지나면 시들하다는 거. 금방 시시해지잖아. 그럴 바에는 네 꿈을 위해 중요한 이 일을 먼저 해. 네겐 목표를 달성하는 것이 더 중요하고 의미 있는 일이잖아."

이는 우리가 다이어트를 하고 식단 관리를 할 때도 유용한 방법이다. 누군가의 '먹방'을 TV로 본다거나 바로 옆에서 무언가를 맛있게 먹는 모습을 보는 상황을 가정해 보자. 처음 드는 생각은 물론 '아, 먹고 싶다'일 수 있다. 하지만 이렇게 우리 자신에게 말할 수 있다. "아 저거? 이미 무슨 맛인지 알잖아. 이미 여러 번 수없이 맛본 거잖아. 그러니까 괜찮아. 먹지 않아도 돼." 이미 다 아는 맛이고, 많이 먹어봤다. 그래서 아쉬워하지 않아도 된다.

당신은 히어로

위 방법을 썼는데도 도무지 의욕이 생기지 않을 수 있다. 뭐 우리 모두에게 그런 날은 있을 수 있으니까. 그렇다면 이렇게 생각하면 어떨까. 최근에 《되는 사람(Hero on a Mission)》이라는 책을 읽었는데, 우리 모두는 이 세상에 특수한 미션을 수행하기 위해 태어난 존재라는 인식을 가지는 것에 관한 책이었다. 자신을 히어로물 영화의 멋진 주인공이라 생각하고, 일상의 결정과 행동들을 그 미션을 향한 방향으로 이끌어가는 것이다.

만약 내가, 곤경에 빠진 우리 사회를 돕기 위해, 사회 정의와 도움이 필요한 이들을 위해 중요한 미션을 수행하러 온 존재라면? 그 고귀하고 소중한 사명을 이루기 위해 지금 우리가 해야만 하는 일이 있다. 매일 조금씩 자신을 단련하고, 온 마음을 다해 준비해야만 미션에 성공할 수 있다. 그러니 지금 시작하자. <u>나는, 그리고 당신은, 지금 이 순간에도 중대한 미션을 수행 중인 히어로이다.</u>

Chapter 3

구하고 찾고 요구하라!

구하라 그리하면 너희에게 주실 것이요
찾으라 그리하면 찾아낼 것이요
문을 두드리라 그리하면 너희에게 열릴 것이니

마태복음 7:7

물어보는 것이
너무 어려웠던 나

담배 연기 속 가만히 앉아 있는 아이

사실 이 챕터를 쓰고 싶어서 본격적으로 이 책을 구상하기 시작했다고 해도 과언이 아니다. 이 책에서 소개하는 많은 생활 지침과 컨셉은 모두 내가 직접 실행해 봤고 그만큼 자신이 있어서 소개하는 것이 사실이다. 하지만 아직도 내가 어려워하고, 뭔가 자연스럽게 느껴지지는 않는 삶의 레슨이 바로 이 '요청(Asking)'이다. 남에게 뭔가를 묻고, 구하고, 때에 따라서는 정중하고 자연스럽게 요구하는 그 삶의 자세와 태도 말이다.

내 유년기를 돌이켜보면 나는 나약한 아이였다. 부끄럼도 많았고, 조용했고, 눈물도 많았다. 나는 내가 그렇게 조용하고 수줍음이 많은 기질을 가지고 태어났다고는 생각하지 않는다. 우리 아빠는 어렸을 때의 나를 회상하실 때 툭하면 눈물이 그렁그렁, 울던 아이로 기억하신다. 그래서 아무리 많은 시간이 흘렀어도 아빠 마음에 나는 여전히 어리고 연약한 아이인가 보다. 하지만 오늘의 나는 사람들 앞에서 말하는 것을 즐기고, 적극적으로 질문하며, 대중 연설도 즐겨한다. 이런 모습을 매일 보고 있는 동료나 상사, 친구들은 내가 어릴 적에 매우 수줍음이 많았다고 하면 믿기 어려워한다. 이 부분은 나에게도 좀 미스테리하다.

초등학교 4학년 때인가, 집에서 우연히 아주 오래된 비디오테이프 하나를 찾아서 보게 됐다. 그건 바로 내가 대여섯 살 때 유치원 학예회에서의 내 모습이 녹화된 비디오였다.

유치원 친구들이 함께 단체 공연을 준비해 무대에 오르는 순서가 있었는데, 어떤 이유에선지 나는 그 순서에 참여하지 않았다. 그 단체 공연이 끝난 후, 당시 유치원 선생님께서 한 아이의 손을 잡고 앞으로 데리고 나오시는 것이 보였다. 그런데 그 억지로 끌려 나간 여자아이가 바로 나였다. 화면 속의 나는 분명 맡은 역할이 있었겠지만, 오늘날 내가 나한테 기대하는 것처럼 또렷하고 당당하게 해내지 못하고, 우물우물 머뭇거리기만 했다.

어쨌든 아주 어렸을 때 나는 무기력했고, 무서운 것도 많았고, 수줍음도 많았다. 또 내가 어린 여자아이로서, 또 장녀로서, 집에서 그냥 어른들이 하시는 말씀을 잘 듣기만 하고 매사에 순종적인 모습을 보이는 것이 칭찬받을 일이라고 계속해서 배워왔다. 지금까지 기억나는 장면이 있다. 어릴 때 나는 동네 어른들이 함께 고스톱을 즐기시면 담배 연기가 자욱한 방에 가만히 앉아 있곤 했다. 그런 칭얼대지 않는 내 모습을 어른들은 칭찬해 주셨다. 그것이 어린 내게는 전혀 즐거운 일이 아니었지만, 어른들의 눈에 착하고 순종적인 어린 아이가 되기 위해 나는 가만히 기다렸던 것 같다.

내가 자라던 당시, 동네 어른들이 함께 고스톱을 즐기시는 것은 매우 흔하게 여기저기서 볼 수 있는 광경이었다. 그것을 나쁘다고 말하는 게 아니다. 단지 그때 '가만히' 앉아만 있던 어린 내 모습이 그냥 좀 안타깝다. 그냥 하염없이 심심해하며 가만히 기다렸던 그 느낌만 강렬해서 좀 애달프다. 사실 내가 가장 피하고 싶은 순간이 있다면 바로 심심하고 아무것도 하지 않는 무료한 시간이다.

국제기구 전문가 그리고 리더로 성장하겠다는 목표에 있어서, 나는 주변 UN·국제기구 동료들이나 업계 사람들과 비교했을 때 그 준비가 늦었다고 생각한다. 출발선이 같지 않았다고 할까. 누군가는 내게 이렇게 말할 수도 있다. 아니, 한국처럼 오늘날 명실공히 선진국의 대열에 들어선, 인프라 잘 갖춰지고, 교육열 높은 나라에서 자란 내가 어떻게 다른 개도국 출신의 UN·국제기구 동료들과 견주었을 때 출발선이 달랐다고, 출발이 늦었다고 말할 수 있냐고. 물론 이 부분은 사실이다. 하지만 거의 UN·국제기구에서만 경력이 10년도 넘은 지금 이 시점에서 보니, 정말로 내 분야에서의 날고 기는 사람들의 경우 그들의 출신 국가 그 자체가 중요하다기보다는 특정 문화적·사회적 요소와 개인의 자신에 대한 믿음이 더 큰 역할을 차지하는 것 같다.

출발선이 같지 않다고 생각하는 이유들

이에 대해 하나하나 짚어 보자. 먼저, (1) 내가 여자이든 남자이든, 다소 어려운 가정환경 혹은 국가에서 성장했더라도, 내가 마음먹은 것은 무엇이든 할 수 있다는 믿음이 중요하다. → 1980년대 중반에 태어난 내가 뭐 그리 남존여비(男尊女卑) 사상의 불이익을 받았을까 의아해하실 수 있다. 내가 태어날 당시, 할아버지, 할머니를 비롯한 모든 집안 어른들이 우리 집의 첫째 아이인 내가 남자아기라고 확신하셨다고 한다. 우리 이모께서도 내가 태어났을 때, 남자아기를 위한 파란색 옷을 준비해서 오셨다고 한다. 내가 예정일보다 훨씬 빠르게 태어나는 바람에 뒤늦게 소식을 듣고 우리 할아버지, 할머니도 병원에 오셨다. 병원에 오신 할아버지는 내가 손자가 아닌 손녀라는 소식을 듣자, 매우 실망이 크셔서 이내 발걸음을 돌리셨다고 한다. 실제로는 어릴 적부터 할아버지, 할머니의 사랑을 특히 많이 받고 자란 나로서는, 그 이야기를 처음 들었을 때 꽤 충격이었다. '와, 정말 그 정도였을까?' 싶었다.

그리고 또 중요한 것이 (2) 생각을 자유롭게 집안의 어른들과 학교 선생님, 그리고 다른 친구들과 나눌 수 있고, 또 그렇게 하는 것이 장려되는 환경이다. → 성인이 되어 책과 다큐멘터리를 통해 앞서 언급한 유대인의 특별한 교육 방식을 알게 되고선 정말 놀랐다. 각 가정에서 가족들이 함께 식사할 때 어린 자녀들에게 자연스럽게 한 가지 주제에 대해 의견이 어떠한지를 묻는 것을 시작으로, 왜 그렇게 생각하니, 이러한 시나리오에서 어떤 해결책이 있을 수 있을까 등등 대화를 이어가는 방식이었다. 어린 자녀가 어떤 주제에 대해 스스로 생각하고, 깊이 고민하며, 질문하도록 이끄는 유대인의 밥상머리 대화 문화가 인상적이었다. 부모와 가족이 그 과정에 성심껏 함께 참여하고, 아이가 사고하는 과정을 진지하게 도와주는 모습이 특히 기억에 남는다.

오늘날처럼 바쁜 우리 사회에서 그러한 밥상머리 토론, 심도 있는 대화는 어려울지 모르나, 더 근본적인 것은 어린 자녀의 '스스로 생각하는 힘', 그리고 그것을 말로 표현하고 질문하고 답할 수 있는 능력이 중요하다는 것을 인지하고, 그러한 능력 함양을 위해 우리 어른들이 할 수 있는 일을 하는 것이다.

어린아이에게도 배울 점이 있으며, 그들도 모두 존중받아야 한다는 사회적 인식도 중요하다. 영국의 동화 작가였던 존 버닝햄도 이렇게 말했다고 한다. "아이들이 어른보다 덜 지적인 것은 아니다. 다만 경험이 부족할 뿐이다."

하지만 이 책을 쓰면서도 어렸을 때 주위에서 쉽게 접하던 그 한마디가 여전히 머리를 맴돈다. '네까짓 게 뭐라고.' 가끔은 아직도 내 내면에 있어 나를 괴롭히고 또 우리 사회에 만연한 생각이 '네까짓 게 뭐라고'이다. 네까짓 게 뭐라고 그런 일을 할 수 있겠어. 네까짓 게 뭐라고 회의 시간에 손을 드니. 네까짓 게 뭐라고 공부를 더 할 생각을 해. 네까짓 게 뭐라고 윗분들 의견에 토를 다니. 조용히 해라. 그냥 조용히 있어. 너는 생각 자체를 하지 마. 그냥 내 말 들어. 가만히 있어.

우리 사회, 학교, 그리고 회사에는 아직도 성숙한 Q&A, 혹은 질의응답 시간과 문화가 자리 잡지 못했다는 것이 내 결론이다.

내가 국제기구 전문가로 활동하는 주 영역인 국제회의와 컨퍼런스, 포럼 등에서는 질문을 안 하고 가만히 있는 것이 좋지 않은 모습인데, 한국 사회에서는 적극적으로 질의응답을 하고 서로에게서 배우는 문화가 익숙하지 않다. 오히려 가만히 있는 것을, '나서지 않는 것'을 독려하는 듯한 모습이다.

또 (3) 남자든 여자든 원하는 만큼 공부하고 교육을 받을 수 있는, 그리고 커리어를 키워나갈 수 있는, 일과 가정생활·양육을 동시에 하는 것이 가능한 환경. → 나는 아직 미혼이라 일과 가정생활/양육의 양립에 대해서는 경험에 근거하여 말할 수 없는 상황이다. 하지만, 아직도 우리 사회에서 일과 가정의 양립이 얼마나 힘든 일인지, 특히 야망이 있고 커리어를 계속 발전해 나가고자 하는 여성에게 얼마나 힘들 수 있는지에 대한 증언을 내 주변에서도, 또 미디어를 통해서도 쉽게 접한다. 그런 증언을 접하면서 야망 있는 나 자신을 증언 속의 상황에 대입해 보면, 내리게 되는 결론은 '아, 나는 일하는 것이 정말 좋고, 일하는 것을 그만둘 생각도 전혀 없고, 계속해서 커리어적 성장을 하는 것이 중요한데, 결혼을 하면 이러이러한 부분에서 힘이 들 수 있겠다. 오히려 싱글로 사는 것이 내가 추구하는 삶의 방향과 더 잘 맞을 수도 있겠다'이다. 사실 나도 언젠가 결혼을 하고 싶지만, 마음 저편에 이런저런 고민이 있는 것이 사실이다.

여자든 남자든 원하는 만큼 공부하고 배우는 것이 가능하고, 그

것이 장려되는 환경 – 이 부분에 대해서도 한 가지 일화를 소개하고 싶다. 나는 지금까지 정말 원하는 만큼 공부를 원 없이 할 수 있었는데, 이는 우리 엄마의 조건 없는 지원과 응원 덕분에 가능했다. 내가 격동의 10대를 보내면서, 이미 중학교를 졸업하기 전부터 (그 당시 내게 불가능에 가까웠던) 미국으로의 유학을 꿈꿨을 때 우리 엄마만은 철없던 나를 이해해 주셨다. 엄마도 공부와 학업에 목마름을 느끼며 유년 시절을 보내셨기에, 딸인 나만큼은 공부에 대한 목마름을 해소하며 살기를 바라셨던 것 같다. 그래서 미국 유학이라는 당시 상황에 말도 안 되는 내 꿈을 위해, 누구보다 더 많이 고민하시고 그를 위한 경제적 지원을 위해 열심히 발로 뛰셨던 분이 우리 엄마셨다. 내가 미국 유학을 고민하고 준비하던 만 13세 당시 엄마의 동료, 지인분들께서도 내 미국행을 만류하셨다고 한다.

한 지인께서는 우리 엄마에게, 아들도 아닌 딸을 그렇게 미국까지 보내서 공부시켜서 무슨 부귀영화를 누리겠느냐고, 그 비싼 미국 유학 비용을 어떻게 대려고 하느냐고 말리셨다고 한다. 진심 어린 걱정으로 해주신 말씀이겠지만, 엄마는 그때 '아들도 아닌 딸의 교육에 뭐 하러 그렇게 투자하냐'는 그분의 말씀에 동의하지 않으셨다고 했다.

딸이든 아들이든 똑같은 자식인데, 엄마의 힘이 닿는 데까지 우리 교육에 필요한 경제적 지원을 해주고 싶으셨다고. 이렇게 나는 엄마께 아주 큰 빚을 졌고, 엄마가 당시에 내 교육을 위해 지원해 주시고 희생하셨던 그 모든 노력이 헛된 것이 되지 않도록 매일 최선을 다해 즐겁게 일하고 더 성장하기 위해 애쓰고 있다.

또 (4) 어린이와 청소년, 청년에게도 배울 점이 있음을 이해하고, 동시에 중장년, 어르신 세대의 지혜와 혜안, 또 국가 발전을 위한 희생에 경의를 표하고 감사하며, 그분들로부터 배우는 그런 자세. → 어르신을 공경하는 것이 매우 중요한 우리나라의 문화가 자랑스럽다. 나의 할머니, 할아버지, 그리고 부모님 세대 어르신들이 국가 발전과 성장을 위해 희생하시고 땀 흘려 노력해 오신 것을 잘 알고 있고, 그분들을 존경한다. 항상 감사하다. 자랑스러운 이 문화에서, 한 가지 보강되어야 한다고 생각하는 부분이 바로 어린이와 청소년, 청년에게도 배울 점이 있다는 것을 인정하는 사회적 분위기이다. 나보다 상대적으로 어린 사람도 존중해 주고, 그들이 사회에서 적극적으로 의견을 내고 함께 잘 살아갈 방법을 제시하기 쉬운 사회적 분위기가 조성되었으면 좋겠다.

내가 활동하는 UN 국제기구 내에서 이러한 국가별 문화 차이를 느끼게 되는 부분이 있다. 미국이나 유럽 국가 등에서는 유엔기후변화협약 협상 테이블에 국가나 세계 지역별 협상 그룹을 대표해서 앉게 되는 협상가가 항상 제일 연배가 높은 고참이지 않다. 물론 고참이 참여할 때도 있지만, 그 고참의 후배 격 되는 젊은 협상가를 준비하고 교육하기 위해 그녀/그에게도 그 국가/지역을 대표해서 협상 테이블에 앉게 한다. 이러한 유연한 모습, 비교적 젊은 전문가들에게도 기회를 주는 그런 모습이 나는 개인적으로 좋아 보였다. 하지만 내가 보아온 바에 의하면 한국 대표단의 경우, 가장 고참이신 국장급 인사가 기후변화 기후재원 등의 다자협상 테이블에 앉는 것이

보편적이다.

이러한 전략적 부분을 하루아침에 바꾸는 것이 어려울 수는 있다. 하지만, 나보다 어린 사람에게도 배울 점이 있다는 점만큼은 분명히 하고 싶다. 나이에 상관없이 서로 존중해야 한다는 생각과 사회적 분위기가 형성되어야 한다고 생각한다.

뒤늦은 출발선에서 앞서나가기

앞서 살펴본 것처럼, 나는 사회·문화적 환경 그리고 자신에 대한 믿음이 개인의 성장에 정말 중요하다는 결론을 내렸고, 그런 부분에 있어 나는 내 타 국적 동료들과 출발선이 같지 않았다고 생각한다. 출발이 늦었다고 생각하는 만큼, 내가 나 자신을 고도로 단련시켜야 하는 부분이 상대적으로 많다고 본다. 그래서 매 순간 최선을 다하려 하고, 시간을 '낭비'하거나 무료하게 비생산적으로 보낸다는 생각이 들 때 아깝다. 같은 이유에서 내가 어렸을 때 무료하고 무기력하게 보냈던 많은 시간이 아깝다는 생각이 든다. 이미 지나버린 시간은 어쩔 수 없지만, 지금의 내 시간 그리고 앞으로의 내 시간에 대해서는 후회하는 일이 없도록, 시간을 정말 가치 있는 일에 밀도 있게 쓰려고 하는 것이다.

다시 내 어린 시절로 돌아와서, 나는 어른들 말씀을 잘 듣고, 그에 토를 달지 않는, 근본적으로 말 자체를 많이 하지 않는 그저 착하고 조용한 딸이 되어야 한다는 사회적 태도를 집에서도, 학교에서도 수시로 접하면서 성장했다. 내가 그런 모습이어야만 부모님께서도 덜 힘드시고 나를 더 자랑스러워하실 거라 생각해서, 나 자신을 더욱 더 그 조그마한 틀에 가뒀다.

그 결과 점점 더 수줍음이 많아지면서, 나는 혼자 슈퍼마켓에 가는 것이 힘들 정도가 됐다. 지금 생각하면 정말 믿기지 않지만, 내가 그렇게 수줍음이 많았다는 것을 또렷이 기억한다. 그래서 어렸을 때 나보다 훨씬 활달했던 내 동생과 함께 슈퍼에 가곤 했고, 계산할 때 나는 슈퍼 아저씨 아주머니 눈을 마주치지도 못했다. 다른 사람과 눈이 마주치는 것을 극도로 꺼렸다.

내가 이 이야기를 길게 꺼낸 이유는, 그때의 나처럼 누군가의, 혹은 사회의 기준과 틀에 나 자신을 욱여넣을 필요가 없다고, 우리 본연의 모습을 찾고 본연의 모습으로 살아도 된다고 말해주고 싶기 때문이다. 또, 어렸을 때의 나처럼 어떤 특정한 모습이 착하고 좋은 모습이라고 강요받으며 오랜 시간을 보냈을지도 모르는 내 또래, 혹은 언니 또는 동생에게 이 부분에 대해 조용히 생각해 볼 수 있는 계기가 되었으면 해서다.

이렇게 나는 오랜 시간을 좋으면 좋다, 싫으면 싫다고 말하지 못하고 그저 조용히 순종적인 모습으로 살아왔다. 그랬던 나는 국제기구 전문가, 특히 리더가 되어야겠다고 생각한 후로 그 미션에 내 힘과 관심을 쏟아왔다. 리더가 되어야겠다고 다짐한 계기는 커리어를 쌓으면서 내가 리더로서 일하는 것을 정말 좋아하고 그에 큰 가치를 둔다는 것을 깨달으면서였다. 나도 수많은 리더와 함께 일해보면서 나는 이러한 리더가 되어야겠다, 하는 이상적 리더의 모습에 대한 그림도 나름대로 갖추게 되었다. 그래서 나는 앞으로 더 높은 지위의 리더가 되고자 하는데, 내 예전의 그 '아무 말 못 하던' 소극적인 모습과 습관이 내가 이루고자 하는 이 꿈에 전혀 도움이 되지 않는다는 깨달음이 있었다.

나는 당당한 리더가 되고 싶은데, 그 꿈을 위해 달려가는 중인데 어렸을 적의 말하고 표현하기를 힘들어하던 내 모습이 아직도 때때로 발현된다는 사실을 깨닫게 됐다. 내가 이럴 때가 아닌데. 그런 모습이 결코 내게 도움이 되지 않는데 말이다.

깨어 있고, 실행하면서 그다음으로 가기 위한 단계

물어보기(Asking)의 중요성

앞 장에서 내가 국제기구 전문가가 되는 여정에서 출발이 늦었다고, 그래서 단기간에 배우고 익힐 것이 상대적으로 더 많았다고 했다. 그렇다. 나는 그래서 내가 아는 최고의 방법으로 전력 질주를 하고 있다.

이렇게 급격한 속도로 성장을 해야 하는 경우, 이 '물어보기'가 또 중요해진다. 내가 부족한 부분이 있을 때 이미 그 부분을 잘 해냈거나 더 앞서 있는 동료, 친구, 멘토에게 잘 물어보고 도움을 구할 수 있기만 해도 큰 힘이 될 수 있다.

우리가 깨어 있어, 우리 주변의 일에 호기심을 가지고, 남에게 물어보기만 잘해도 쉽게 얻을 수 있는 것들이 많다. 예를 들어, 내가 이번에 회사에서 전동 높이 조절 책상을 새롭게 받게 됐는데 그건 내가 끊임없이 '물어봤기' 때문이다. 일자목으로 목과 어깨 통증을 달고 사는 내가 회사에서 의사 소견서 등을 받아 제출하면 비교적 간단하게 전동 높이 조절 책상을 받을 수 있다는 사실을 알게 됐다.

그래서 필요한 서류를 발급받고 회사 포털 사이트를 통해 데스크를 요청했는데, 조달팀에서 새로운 상품을 조달하느라 다소 시간이 소요되긴 했지만, 이 글을 쓰고 있는 바로 다음 날이면 새 책상을 받게 된다는 연락을 받았다. 정말 감사하고 기분이 좋다. 이 모든 시작은 바로 내가 적극적으로 '물어봤기' 때문이다. 이를 위한 국장님의 승인과 인사과 승인, 의사 소견서까지 받아야 했지만, 결국 책상을 받게 됐고, 이에 따라 이제 목에 덜 무리를 주면서 일할 수 있게 된다니 기쁘다. 내게 있어 이 전동 높이 조절 데스크는 삶의 질을 급격히 향상시키는 고마운 것이다. 회사에서 내 데스크만 봐도 기분이 좋아지고 일도 더 능률적으로 할 수 있다.

우리가 잘 물어보고 구하면 얻게 되는 것은 전동 높이 조절 데스크처럼 물질적인 것일 수도 있고, 어떤 고급 정보와 배움일 수도 있다. 현재 우리 각자의 위치에서 아직 터득하지 못한 새로운 세계와 교훈에 관한 것일 수도 있어, 그야말로 삶이 바뀌는 획기적인 경험을 가능하게도 하는 것이 바로 '묻고 구하고 두드리는' 일이다. 또 다른 예를 들어보자면, 나는 일하는 것이 매우 즐겁고 현재 일하고 있는 국제기구에서 성장에 대한 욕구가 크다. 승진도 하고 싶고 그를 위해 필요한 것을 실행에 옮기고 있다.

그래서 어떻게 우리 기관이 원하는 인재상의, 이상적인 리더의 역량을 갖출 수 있을까 계속 고민하고 있고, 그러던 중 다른 (특히 나보다 고참인) 동료들의 링크드인 프로필을 찾아보면서 그들은 평소에 어떤 자기계발 노력을 기울이는지를 살펴보게 됐다.

실제 성공한 사람의 예를 보며, 그에게 배운다는 논리이다. 그렇게 해서, 다른 동료들이 하버드의 온라인이나 오프라인 수업 혹은 워크숍에 참석해서 자신의 근무 역량을 확장해 왔다는 사실을 발견했다. 더 구체적인 예로 하버드 법대가 직접 개발하고 커리큘럼화한 '협상(Negotiation)' 오프라인 클래스에 대해 다른 동료에게 내가 먼저 물어봐서 알게 됐고, 그 클래스가 비싼 만큼 실질적으로 참여자에게 얼마나 큰 깨우침과 배움의 기회를 제공했는지에 대해서도 그를 통해 알게 됐다.

그래서 나는 최근 이 하버드 협상 클래스를 유심히 들여다보면서 미국에 가서 워크숍을 수료할 계획을 세우고 있다. 이 모든 것은 내가 그 동료에게 <u>물어봤기 때문에</u>, 조언을 구했기 때문에 가능했다. 이렇게 잘만 물어봐도 얻게 되는 것이 정말 많다. 그래서 나는 이를 강조하고 싶어 이 책을, 이 챕터를 쓰고 있다.

최근에 유튜브에서 오디오북으로 물어보기에 대한 해외 원서 내용을 듣게 됐는데, 너무 공감되고 주옥같은 말이어서 곧바로 휴대폰에 메모를 해두었다.

"You are not here to live average.

You are here to live excellent. When you ask, you start creating your path."

(당신은 그저 그런 보통의 삶을 살려고 이 땅에 태어난 것이 아니다. 당신은 탁월한 삶을 살기 위해 태어났다. 당신이 물어보기 시작할 때, 탁월한 삶이 시작된다. 그를 위한 통로가 만들어지기 시작한다.)

정말 멋진 말이 아닌가! 너무 공감이 되어 계속 눈에 띄는 곳에 메모해 두고 나 자신에게 되뇌고 있다. 요구하고, 묻는 'Asking'은 모든 면에서 능동적이고 적극적인 삶의 자세라고도 볼 수 있다. 그러나 동시에 내가 잘 모르는 분야 그리고 정보와 피드백이 필요한 분야에 대한 겸허한 인식, 자기 객관화가 필요하다. 그런 상태에서 'Asking'이 되었을 때 탁월한 삶을 위한 새로운 길이 열리게 되는 것이다. 신나고 멋진 일이 아닐 수 없다.

'물어보기(asking)'를 잘하는 법

하지만 잘 물어보기, 타인에게 조언을 구하는 그 행위 자체가 나는 참 어려웠고, 이 부분에 있어 발전하기 위해 조금씩 더 노력하는 중이다. 먼저, 남에게 물어보기 어려운 이유 중 하나는 그 행위가 남에게 폐를 끼친다는 과하고 지나친 생각 때문이다. 내 경우가 그렇다. 그런 마음, 또 남에게 폐를 끼치고 싶지 않다는 마음이 커서 지레짐작으로 시도조차 하지 않는 경우가 많았다.

하지만, 그렇게 미리 지레짐작할 필요가 없다. 뭔가에 대해 남에게 물어보거나 조언을 구했을 때 그 사람이 정말 바쁘거나 도와줄 여력이 없으면, 그렇게 답변을 할 것이고 단지 그뿐이다. 우리가 손해 볼 것이 없는 게, 우리는 그저 물어본 것이고, 상황은 물어보기 전이나 물어본 후나 똑같다. 뭔가를 잃거나 하는 손해는 없는 것이다.

또 실제로, '에이, 이게 되겠어'하는 마음으로 SNS나 이메일을 써서 유명인이나 어떤 특정 분야의 권위자에게 무언가를 물어봤을 때 긍정적인 답변을 듣게 되는 경우도 꽤 많다. 우리가 생각하는 것보다 더, 우리 모두에게는 타인에게 뭔가 도움이 될 수 있다면 가능한 한 돕고 싶어 하는 마음이 있다. 그래서 시간, 여건 등이 잘 맞아떨어진다면 타인을 돕고 또 필요한 조언이나 정보를 제공하기도 한다. 나도 그렇게 해서 내가 필요한 좋은 조언을 얻기도 했고, 또 연사로서 강연이나 웨비나, 컨퍼런스 참석 요청을 받기도 해서 좋은 마음으로 그러한 부탁에 응해 드리기도 했다.

다시 한번 강조하고 싶은 것은 절대 지레짐작하지 말라는 것이다. 내가 독일 본 소재의 UN기후변화협약(UNFCCC)사무국에서 일할 때, 나는 기관의 인사과 국장실에 한 번도 내 발로 찾아간 적이 없었다. 솔직히 말하면, 당시 UNFCCC 인사 과장님이 굉장히 카리스마가 있고 무서운 분이라는 '카더라' 소문을 들어서 몸을 사리게 됐던 탓도 크다. 또 이미 사무국 내부에서 일하는 내가 사무국의 다른 포지션에 지원하고 싶어 그분께 찾아가 질문을 하고 조언을 구하는 것이 적절치 않다는 생각이 들어서였다. 하지만 내가 그분을 찾아가서 조언을 구했다고 하더라도(실제로 찾아가지도 않았지만) 직원 채용 절차는 별개의 문제이고, 내가 미리 사서 걱정하지 않아도 되는 부분이었기에 그때의 내 생각은 참 바보 같다는 생각이 든다.

남에게 폐 끼치는 것을 극도로 조심하고 피하는 내가, 우리 기관 인사과 국장님을 찾아간들 뭔가 적절치 않은 질문을 했을 리 없다. 설사 뭔가 대화가 그렇게 흘러가는 조짐을 보였다고 해도, 인사과 국장님께서 바로 대화의 흐름을 적절한 방향으로 가져오셨을 것이다. 당시에 나는 정말 지레짐작과 내 성장을 제한하는 생각으로 똘똘 뭉쳐, 성장의 기회를 스스로 축소했던 것이었다.

대화의 주제가 무엇이 되었든, 각 분야의 내로라하는 전문가들이 모인 UN에서는 사람들과 대화하는 것만으로도 배울 수 있는 부분이 참 많다. 무궁무진하다. 이러한 타인과의 교류, 정보 공유의 힘을 한번 용감하게 체험해 보시길 바란다.

뭔가 단체나 조직에서 말을 많이 하거나 적극적으로 행동하는 것 자체를 '나선다' 혹은 '나댄다'는 식으로 표현할 정도로 그를 권장하지 않는 문화에서 자란 우리기에, 이 부분에서 빨리 그러한 태도를 '언런'하고 거기에서 빠져나와야 한다. 이는 시간과 노력이 요구되는 일이지만, 그 결과물은 정말 달라질 것이라고 보장한다. 그저 남에게 잘 물어보기만 해도 삶이 달라진다. 그러니 한번 시도해 보시라. 남에게 물어보는 건 큰일이 아니다. 그리고 물어본다고 해도 큰일이 나지도 않는다.

남에게 묻는 것을 자연스럽게 해내는 데에도 어느 정도 연습이 필요하다. 하지만 조금의 연습을 거치고 물어보기의 힘을 경험하기 시작하면 금세 하나의 건강한 삶의 태도와 방식으로 장착될 것이다.

작은 것부터 한번 남에게, 멘토에게, 인생의 선배에게 물어보자.

지혜를 구하고, 피드백을 구하고, 기회의 문을 두드려 보자. 그렇게 하다가 설령 거절당하거나 원하는 것을 그 첫 번째 물어본 사람에게 찾지 못하더라도 괜찮다. 큰일이 아니다. 이에 상처받지 않아도 된다. 혹시라도 거절당한다면, 그래 그럴 수 있지, 하고 다음 사람이나 기회로 눈을 돌리면 된다.

UN 그리고 국제기구에서 묻고, 또 묻고, 구했던 내 경험

연봉 협상에 눈을 뜨다

처음에 내가 적극적으로 인사과에 문의를 해봐야겠다고 마음을 먹게 된 계기가 있다. 바로 나는 한 번도 시도해 본 적도 들어본 적도 없던 '연봉 협상'에 대해 듣게 되었을 때다. 한 다른 국적의 동료를 통해서 회사로부터 최종 채용 합격 레터를 받고 나서 회사와 '연봉 협상'을 시도했다는 소식을 듣게 됐다. 연봉 협상? 뭐야, 우리 국제기구에서도 가능한 것이었어? 민간기업에서나 가능한 이야기 아니었어? 아차, 하는 마음과 함께 나는 왜 이런 걸 전혀 모르고 있나, 하는 생각이 들었다.

    내가 우리 회사의 인사 규정이나 정책에 대해서도 이렇게 모르는 부분이 많구나, 하는 생각이 들었다. 그 후부터 그런 부분에 대해서 내가 직접 공부하고 배울 수 있는 기회를 스스로 만들었다. 회사의 각국과 부서마다 HR 비즈니스 파트너가 배정되어 있는데, 우리 국 HR 비즈니스 파트너께 내가 궁금한 것을 수시로 물어보기 시작했다.

정말 대화할 때마다 그분께 배우는 것이 있었다. 내겐 신세계였다. 내가 우리 국에서 업무와 프로젝트를 잘 수행하고 성과를 내는 것이 다가 아니었다. 기회를 캐치하는 눈, 설령 보이는 기회가 없다면 내가 직접 기회를 만들어서 제안하는 법 등 정말 능동적으로 사는 끝판왕 노하우에 대해 듣게 됐고, 또 배웠다. 가끔 '감히 내가?' 하는 마음이 또 비집고 들어와서 앞으로 나아가려는 내게 태클을 걸지만, 그런 마음을 잠재우고 다시 내가 새롭게 알게 된 방법과 노하우에 집중한다.

옴버즈맨

또 하나의 긍정적인 물어보기 경험을 소개하자면, 국제기구 내에 인사과 외에도 다양한 고충 처리 메커니즘(Grievance Mechanism)이 존재하는데 그러한 서비스를 적극 활용했던 적이 있다. 고충 처리 메커니즘이라고 하면 국내 기관이나 민간기업 내 관련 문화와 국제기구 내 문화가 다를 수 있겠다. 하지만, 국제기구 내에서는 그러한 서비스를 활용하는 데 눈치를 보거나 어려워하거나 하지 않아도 된다. 오히려 기관 내에 인사과와는 독립적으로 운영되는 옴버즈맨

(Ombudsman) 시스템을 신설했던 적이 있었는데, 그 옴버즈맨은 모든 회사 직원에게 어떤 내용의 고민이나 질문도 가능하니 자신의 서비스를 적극적으로 활용하기를 권고하기도 했다. 회사에서도 그러한 목적으로, 오히려 인사과에서 커버하지 못하는 부분을 옴버즈맨이 커버해서 직원의 행복한 회사 생활에 일정 부분 기여할 수 있도록 시스템을 도입했고, 직원의 시스템 활용을 권고했다.

당시 옴버즈맨이었던 분이 우리 회사나 부서와는 별개로, 독립적으로 서비스를 제공하시는 것에 마음이 놓였다. 처음에 그분과 일대일 세션을 잡았는데, 내가 배울 것도 많고 지혜로운 분이셨다. 2020년 3월 입사해서 코로나 팬데믹이 기승을 부리던 때에, 언택트 또는 비대면의 시대에 새로운 회사에서 적응하고 성장하는 시기라 자연스럽게 고민도 좀 있었다. 거의 모든 것을 비대면으로 진행해야 하던 시기이다 보니 만나서 얼굴 보며 이야기해서 간단하게 해소할 수 있는 것들도, 줌이나 팀즈(Teams)를 통해 화상 회의로 진행해야 하던 시기였다. 무언가 서로 얼굴 보고 커피 마시며 이야기하면 쉽게 해결할 것들도, 비대면으로 진행했을 때 오해가 생기기도 쉽고 원활한 커뮤니케이션이 다소 어려울 수 있음을 경험했다. 비대면 방식 자체는 문제가 되지 않았다. 하지만 한동안 회사에 가서 일하는 자체가 불가했던 기간이 있었는데, 확실히 '집합'하지 못하다 보니 내 상사나 동료가 어떤 생각을 하고 있고 어떠한 직무적 비전 및 고충을 가지고 있는지를 직접 관찰하기가 어려웠다. 어쨌든 이러한 이유로 코로나 시기에 회사 내 상사와의 관계, 다양한 국적 동료와의 관계와 협력에 있어 어려움을 겪는 부분이 있었는데, 이때 옴버즈맨과의 세션이 많은 도움이 됐다.

친절하셨던 옴버즈맨과의 비대면 혹은 대면으로 진행됐던 일대일 세션에서, 다양한 내외부 협력자 및 동료와 일하면서 있었던 마음이 불편했던 일을 꺼내 놓을 수 있었다. 그렇게 꺼내 놓는 과정에서 그 불편했던 상황도 조금은 더 거리를 두고 다시 바라볼 수 있었다. 또 다른 동료가 이유 없이 무례하게 대하거나 회의 중에 무례하게 내 질문과 발언을 되받아쳤을 때의 상황에 대해 내가 설명하자, 그 동료가 잘못했던 것이라고 말해주시며 그러한 상황에서 어떻게 내가 단단하게 자신을 지키는 방향으로 대처할 수 있을지에 관해서도 조언해 주셨다.

나는 한 평가 프로젝트를 진행할 때 한 해외 컨설팅펌의 팀과 함께 일한 적이 있었다. 당시 그쪽 팀장이 평가 분야 경력도 많으시고 나이가 지긋하신 백인 남자분이셨다. 우리 독립평가국에서는 30대 여성인 나, 그리고 나보다 시니어인 타 국적의 남성 팀장이 대표로 참석했다. 해당 평가 프로젝트 막바지에 평가 권고 사항을 마무리 짓기 위한 중요한 회의였다.

그 회의에서 나는 각 권고 사항을 좀 더 짧고 간결하게, 정책 관계자들이 곧장 이해할 수 있을 만한 언어로 약간 수정할 것을 제안했다. 그런데 내가 발언을 마치기도 전에 컨설팅펌 팀장님은 벌컥 언성을 높이시며 언짢은 느낌을 표출하셨다. 내가 제안했던 내용에 반대 의견을 가지실 수는 있지만 마치 내 발언에 화를 내시며 끊어버리는 듯한 그분의 행동에 꽤 당황했다. 하지만 회의가 진행 중이었기 때문에 별 불편한 기색 없이 나는 회의를 잘 마쳤는데(잘 마쳤다고 생각했다), 그런데 그 당황했고 불편했던 느낌이 회의가 끝난 후에도 계속 내 마음에 남아 괴로웠다. 그 괴로운 느낌 때문에 옴버즈맨과의 상담을 요청했던 부분도 있었다.

나는 뭔가 타인과 불편한 상황이 생기면 내가 잘못하지 않았어도 안절부절못하면서 그 상황과 타인에 대해 화도 냈다가, 나 자신을 탓하기도 하면서 꽤 오랜 시간 내 안에 불편한 감정을 가지고 있었다. 그런데 전문가와의 상담을 통해, 그게 그렇게 나 혼자 끙끙 앓고 괴로워할 일이 아니라는 것을 깨달았다.

옴버즈맨과의 상담에서 나는 내가 전에 결코 생각해 보지 못한 다양한 편견이 세상에 존재한다는 것을 깨달았다. 예를 들어, 실제 나이보다 더 어려 보이는 아시아인 여성에 대한(본인도 인식하지 못하는) 편견이 있을 수 있다는 것이었다.

이렇게 묻고 답하면서, 생각하고 되돌아보는 시간을 자연스레 가지게 되었다. 그러면서 우리 사회에, 회사에 아직 존재하는 편견과 선입견에 대해 더 자각할 수 있었다. 그리고 아직 존재하는 커리어에서 '치고 나가는/나가려는 여성'에 대한 다소 불편한 사회적 시각에 어떻게 현명하게 마주 설 수 있을까 생각해 봤다.

내게 멘토 격이던 옴버즈맨 그리고 다른 전문가들과 묻고 대화를 나누면서 나와 다른 이에 대해 인지하게 됐고, 더 깨어 있을 수 있게 되었다. 그리고 어떠한 현상에 대해 나만의 해결책 혹은 솔루션을 구하기 위해 더 묻고, 책을 읽고, 사회에 또 회사에 의미 있는 질문을 던질 수 있게 되었다. 그렇게 나는 또 성장했고, 성장하고 있다.

야망 있는 아시아인
한국인 여성

야망 있는 여성으로 산다는 것

나는 지속적으로 성장하고 싶은 욕구가 크다. 커리어적으로도 인간으로서도 계속해서 성장하고 싶다.

앞으로 더 이뤄내고자 하는 꿈도 많고 야심도 크다. 나 스스로도 내가 야망이 크다고 생각한다.

야망 있는 한국인 여성. 국제무대에서는 나는 야망 있는 젊은 아시아인 여성이다. 시간이 흐르면서 국제무대에서도, 한국 사회에서도 여성이 고위직에 오르고 능력을 인정받는 것이 예전보다 보기 쉬워진 것은 사실이다. 많이는 아니어도 드문드문 보이기는 한다. 그래서 다행이다. 하지만 아직도 가야 할 길이 멀다.

나는 이상주의인 편이라 더 어렸을 때는, '여성도 능력만 있다면 승승장구할 수 있겠지, 그게 어렵겠어?' 이렇게 생각했다. 그런데 여성 인권과 권리 신장에 '진심'인 국제기구 내에서도 여성으로서 극복해야 하는 내외부적 요인이 있음을 스스로 깨닫게 되었다. 이는 직접 겪어보기 전까지는 모른다. 나도 까마득히 몰랐다.

일단 내부적 요인에 대해 말해보겠다. 앞서 '깨어 있음' 장에서 우리가 자라온 사회 문화적 환경과 배경이 어떻게 우리의 성장을 제한할 수 있는지 살펴봤다. 그런 환경에서 자라고 오랜 시간 배워온 우리 여성은 자신을 더 낮게 평가하거나 가치 있게 바라봐 주지 않을 때가 많다.

여성의 야망을 막는 내면의 장벽

내가 거친 UN 기구에는 드문드문 여성 국장님이 몇 계셨다. 일을 하면서 그분들께 그분들의 경험에 대해 들은 적이 몇 번 있었다. UNFCCC에서 일할 때 부탄 출신 여성 국장님이 계셨는데, 그분께서 보신 남성과 여성의 차이는 바로 이런 부분에서 있었다. 고위직 포지션 채용 공고가 났을 때, 남성 직원들은 자신들이 그 상황에서 준비가 잘 되었든지 안 되었든지 간에, 즉, 필요 역량을 갖추었는지 갖추지 않았는지를 먼저 생각하지 않고 곧장 지원서를 낼 생각을 하고 있었다. 자신만만하게 자신이 지원할 만한 자리라고 생각했다고 한다.

그런데 똑같은 상황에서 대부분의 여성 UN 직원들은, 자신이 어떻게 그 고위직에 지원하겠느냐며 안 될 거라고 일찌감치 체념하는 모습을 보였다고.

이 얼마나 큰 차이인가! 벌써 몇십 년 전에 부탄 출신 국장님께서 직접 체험하신 그런 일들을 그분의 한참 후배 격인 나도 다양한 국제기구 내에서 관찰할 수 있었다.

한 직위 혹은 직무에 대한 각자의 능력과 역량의 차이가 물론 있을 수 있다. 하지만, 여성 후보자가 높은 직위에 대해 자신은 부족하다면서 *지원조차 하지 않는다면* 시험을 보고 역량을 객관적으로 평가받을 기회조차 생기지 않는다. 반대로 남성 후보자는 일단 지원서를 낼 가능성이 비교적 더 크기 때문에 시험을 볼 기회는 잡을 수 있는 것이다.

김의환 저자의 저서 《UN에 취업하기》에 보면 UN에 대한 세세한 정보가 국문으로 잘 정리되어 있다. 그에 따르면 UN 시스템 내 전문직(Professional and higher categories – Professional and Directors) 직급에서, 대부분의 직원들은 주로 P1~P4이며, 팀장급은 P5이고, 국장(Director)들과 개별 국가들의 국가 사무소 소장인 'Resident Representative'들이 D1~D2에 해당한다.*

또 GS(General Service)라는 직급이 있는데 이는 한국의 6~9급 공무원에 해당하며, 조직의 모든 분야에 걸쳐 행정 및 지원 서비스를

---

* 김의환, 《UN에 취업하기》, 61~63쪽, 이안에_디프넷, 2022

제공하기 위해 현지에서 채용된다. UN 본부와 현장 근무지에 이르기까지 조직의 원활한 운영에 필수적인 업무를 수행한다. 이 직급은 GS-1~7까지 있으며, GS-3 직급이 한국의 9급 상당이라고 한다.*

    UN여성기구(UN Women)에서 최근 발표한 전 세계 정규직 UN 직원을 대상으로 분석한 통계가 있다.** 그 통계에서 말하기를, 모든 UN 기구와 사무소 중 성평등을 달성한 기관의 수는 2017년 5개 기관뿐이었지만, 2023년에는 27개 기관으로 증가했다고 한다. 또 UN 시스템에서 전문직 및 고위 직급의 여성 비율은 2019년부터 2021년까지 45.3%에서 47%로 증가했다고 한다. 하지만, 여성 직원 비율은 UN 시스템 내 전문직 직급의 입문 레벨인 P-1과 P-2 카테고리에서 가장 높았고, 직급이 올라갈수록 여성 비율은 점차 감소하는 추세를 보였다. P-4 이상 직급에서 이러한 격차가 지속되고, D-2 직급에서는 그 격차가 꽤 크다. 모든 직급을 통틀어 성평등이 점차 증가하는 추세이지만, UN 시스템 내 여성 전문가의 비율은 직급이 높아질수록 부정적 상관관계를 보이는 것이다.

---

* 같은 책.
** UN Women, Representation of Women in the UN System, 2021, 〈https://www.unwomen.org/sites/default/files/2023-09/status-of-women-in-the-un-system-2023-infographic-en.pdf〉

2021년 기준, UN 시스템 내에서 남성 대비 여성 전문가의 비율. (UN Women)

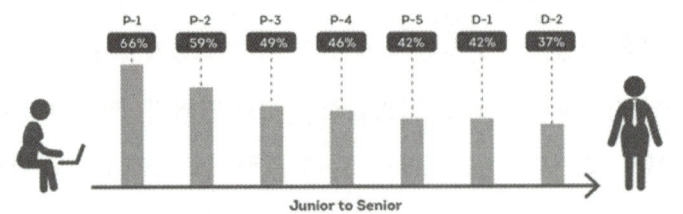

이러한 수치가 말해주는 것은, 바로 여성의 UN 시스템 진입은 가능하나, 여성이 고위급으로 성장하기에는 아직도 쉽지 않은 구조라는 점이다.

여성 리더가 낯선 사회

언젠가 직원회의에서 사무총장님께 여쭤본 적이 있다. 그 당시 기관에 새롭게 채용된 국장이 다수였는데 그중에 여성 국장은 그리 많지 않아서 내가 손을 들고 여쭤보았다. 이러한 갭을 줄이고자 국제기구인 우리 기관에서는 어떠한 노력을 기울였는지를 여쭈었고, 여기에 사무총장님께서 답변해 주신 말씀에서도 이러한 남성과 여성의 행동 패턴의 차이가 보였다.

사무총장님 말씀으로는 신임 국장들 채용에 있어 여성 후보자의 수가 압도적으로 적은 경우가 대부분이었다고 하셨다. 국장급 경력을 가질 정도면 최소 15년 이상의 경력을 가진 분들이어야 하는데, 여성 후보자의 경우 (국적을 막론하고) 배우자와 자녀들이 해외 낯선 근무지로 함께 이사하는 것에 대한 현실적 걱정이 앞서, 여성 지원자 자체가 별로 없는 경우가 많다고 하셨다. 남편과 자녀들에 관한 생각, 그들에 대한 염려가 먼저여서 자신의 커리어와 일적 성공에 있어 매우 좋은 기회임에도 불구하고, 지원조차 하지 않는 경우가 많다는 것이다.

우리 여성들이 자기 자신에 대해 자존감도 낮고 자신이 없는 것이 극복해야 할 가장 큰 과제라고 나는 생각한다. 우리 내면에서 이런 점이 어느 정도 극복되어야 외부적 제도와 시스템의 발전이 더해져서 빛을 발할 수 있는 것이다.

여성의 고도성장을 제한하는 외부적 요인으로는 여러 가지가 있겠지만 내가 직접 체험한 것은 바로 이것이다. 말로는 여성 직원의 성장과 발전을 적극적으로 지원한다고 하면서, 소위 '야망 있는' 여성 직원을 보게 되었을 때 그 직원에 대한 격려와 지원보다는 슬그머니 거리를 두는 모습 말이다. 내가 내린 결론은 아직도 여성이 최고지도자나 고위직 리더로 서게 되는 그림 자체가 남성에게도 여성에게도 낯설다는 것이다. 낯설어서 어려운 것이다. 남성이 한 조직이나 사회의 수장으로 있는 것을 보는 것에 비해 낯설다. 보았을 때 뭔가 틀린 그림처럼 불편한 마음이 생기는 것이다.

야망 있는 여성은 공격적이라고 말하면서 불편해하는 사회적 분위기도 아직 존재한다. 기관 내에서도 그런 분위기가 없다고는 말을 못 하겠다. 내가 느끼기에 분명히 있다.

야망 있는 여성으로서, 내 일을 사랑하고, 앞으로 리더가 되고 싶은 나에게 이는 마음 아픈 결론이지만, 이것이 현재 상황이다. 내가 보아온 현실이다. 아픈 현실이지만 그것을 똑바로 직시해야 그에 대한 해결책도 찾을 수 있는 것이 아니겠는가.

그래서 나는 나 자신의 야망을, 남자 동료였으면 별다른 제약 없이 만천하에 드러냈을 야망도, 여성이기에 제약 없이 드러내 보여서는 안 될 거라는 생각이 들었다. 내가 우리 기관에서 더 높은 리더십 포지션으로 나아가고 싶다는 야망을 드러냈던 적이 있었는데, 여성 인권 신장과 균등한 기회 보장에 공을 들이는 우리 기관 내에서도 내가 그런 발언과 제스처를 취했을 때 상대방이 은연중에 거부감을 내비친다는 것을 느꼈던 적이 있다. 그 후로 야망을 겉으로 표현하는 데 신중해야 한다는 생각이 들었다. 그렇다고 해서 내 꿈을 포기한다는 이야기는 물론 아니다. 오히려 이런 냉정한 현실 속에서 내 꿈을 성취하기 위해 내가 더 깨어 있고 현명하게 처신해야겠다고 다짐하게 하는 계기가 됐다.

이런 생각을 하다가 TV 드라마 속 한 장면이 떠올랐다. 여자도 펄펄 날 수 있는 세상을 간절히 바라는 한 엄마의 극 중 대사였다.

2025년 3월 현재 인기몰이 중인 넷플릭스 드라마 〈폭싹 속았수다〉에서 젊은 시절 오애순은 극 중 자신의 어린 딸 금명이가 세발자전거를 타고 힘차게 작은 발을 구르는 모습을 흐뭇하게 바라본다. 그리고 남편인 양관식에게 힘주어 말한다. "자전거도 못 타면 아궁이 앞에서만 살다가 죽는 거야. 난 금명이는 다 했으면 좋겠어. 막 다 가지고, 다 해 먹고, 그냥 막, 막, 막, 펄펄 다!" 자신의 딸이 살아갈 세상이 여자도 무엇이든 해먹을 수 있는 세상, 모든 원하는 것을 가지고, 귀하게 여김을 받을 수 있는 세상이길 그녀는 바란다. 그리고 딸 금명이가 '상을 차리는 사람이 아닌 상을 엎는 사람'이 되길 바라며 정성을 다해 양육한다.

1960년대 제주도를 배경으로 한 드라마이지만 2025년 현재를 살아가는 우리도 모두 공감할 수 있는 말이다. 여자든 남자든 마음껏 꿈꾸고 하고 싶은 모든 것을 할 수 있는 세상. 아무런 제약 없이 펄펄 날아다닐 수 있는 세상.

여자도 남자도 이루고 싶은 모든 것을, 원하는 모든 것을 하는 것이 가능한 세상. 또 그것이 불편해 보이는 것이 아니라 그에 대해 모두가 진심으로 기뻐해 주고 박수 쳐 줄 수 있는 사회. 나도 그런 세상을 꿈꾼다.

여성 간 연대에 대하여

또 하나 더하고 싶은 이야기가 있다. 바로 여성들 사이에서도 서로 돕고 협력적 관계가 이뤄지면 좋을 텐데 그렇지 못한 경우가 꽤 많다는 점이다. 여성 인권이 남성의 인권에 비해 대체로 전 세계를 통틀어 오랫동안 뒤처져 있었던 것이 사실이다. 이런 상황에서 여성 선후배 커리어인이 서로를 돕고 멘토링을 해주고 협력 관계를 구축하면 분명 도움이 될 것이다. 여성 인권 신장과 역량 강화, 연대 강화에도 긍정적 효과가 있을 것이다.

하지만 지금까지 다양한 기관에서 일해보고 겪어본 나조차도 그러한 긍정적인 여성 선후배 멘토·멘티의 문화를 자주 겪어보지 못했다. 생각보다 흔한 풍경이 아니라는 소리다. 오히려 한 조직·기관 내에서 여성 동료나 선후배 사이의 어려운 점을 더 많이, 더 자주 겪었다. 그래서 아주 오래전부터 나는 내가 속한 팀/부서에 남성 동료가 한 명이라도 있기를 무의식적으로 바랐다. 팀원 거의 전부가 여성 동료였던 곳에서도 일했는데 개인적으로 힘든 경험이었다.

아주 오래전 사회생활을 처음 시작하면서 어느 작은 국내 NGO에서 인턴으로 일을 했던 적이 있었다. 그때 그곳에서 일하기 시작한 지 고작 이틀 정도 되었을 때 화장실 스툴에서 나오면서 신참인 나에 대한 불만을 토로하던 여성 동료 두 명의 뒷담화를 듣게 됐다. 화장실 문 하나를 사이에 두고 그 동료 두 명은 세면대 거울 앞에서 내 이야기를 하고 있었고, 나는 그 상황에서 화장실 문을 열 수도 안 열 수도 없는 그런 난감한 상황이었다.

물론 그 두 명의 동료가 봤을 때 내가 마음에 들지 않게 처신했거나 불만이 있는 부분이 있었을 수 있다. 그리고 내가 만에 하나 크게 그들에게 잘못한 점이 있었다면 미안하다. 그런데 그날은 내가 그 NGO에 나가기 시작한 지 고작 이틀째 되던 때였다. 그렇게 TV 드라마보다 드라마 같은 어색한 상황을 연출할 만큼 내가 뭔가를 크게 잘못했을까? 당황스러웠다.

이 한 가지 예만으로 내놓은 분석이 아니다. 여성끼리 서로 지지해 주고 도와야 한다는 데는 대부분 동의하는 듯하지만, 실제 그를 실행함에 있어 의미 있는 연대를 이루고, 서로 돕는 부분이 생각만큼 잘 이뤄지는 경우는 거의 없었다. 그래서 나도 이 부분에 대해 고민해봤다.

한 국제기구에서 일하면서도 비슷한 상황을 겪었다. 국제기구에서는 다양한 국적과 문화적 배경의 사람들이 함께 일하는데, 굳이 각자의 나이를 묻거나 하는 분위기가 아니다. 언제나 처음 만났을 때 서로의 나이를 밝히고 나이를 알아야만 하는 한국 문화와는 다른 부분이다. 그런데 내게 먼저 자신의 나이를 밝히면서 친근하게 다가온 다른 국적의 여성 동료가 있었다. 알고 보니 우리는 동갑이었고 그때 당시 우리 둘의 직급도 같았다. 그 동료도 오랜 기간 다양한 국제기구에서 일하면서 전문성을 갖춘 멋진 동료였는데, 그동안 몇 남성 동료들과 함께 일하면서 불공평한 처우를 여러 번 받았다고 내게 털어놨다. 그러면서 내게 우리 여성들이 서로를 지지하고 도와야 한다고 강조했다.

우리 사회가 또 전 세계적으로도 양성평등 부분에서 분명 좋아진 점도 있지만, 여전히 여성이 남성보다 같은 일을 해도 근로소득이 낮고, 고위직의 여성 임원 혹은 리더는 아직도 남성 임원이나 리더보다 보기 힘들다. 개선해야 할 점이 아직도 많다. 이런 상황에서 여성으로서 겪는 고충을 여성이 가장 잘 이해하고 공감하고 서로 도울 수 있는 부분이 있기에, 여성 연대 혹은 네트워크가 도움이 될 수 있다고 본다. 하지만 의미 있는 여성 연대를 위해서 우리 여성들이 깊게 생각해 보고 주의해야 할 점도 분명히 있다.

한번은 그 타 국적 여성 동료가 부서에서 팀원들과의 오해와 갈등으로 어려운 상황에 부닥쳤고, 그런 상황에서 내게 도움을 청해왔다. 그 동료를 진심으로 돕고 싶었고 가장 부드러운 방법으로 도움이 될 말을 해주고 싶었다. 많이 힘들어하는 그 동료에게 내가 생각하는 해결책을, 말을 고르고 골라서 전달해 주었는데, 그 동료는 갑자기 내게 화를 내기 시작했다. 사실 내가 피드백을 준 것도 아니었다. 그저 우리 기관의 핵심 역량 중 하나가 팀워크와 협력이라는 것을 상기시키며 어떻게 자신의 직속 상사와의 근무 평가 피드백 대화와 프로세스에 앞으로 임할 것인지를 물었을 뿐이다. 우리 기관에서는 직속 상사와의 주기적인 근무 평가 대화, 피드백 프로세스가 매우 중요하게 여겨지고 장려되기 때문에, 이런 부분을 평소에 잘 관리할 수 있는 방법을 그 동료와 함께 고민해 보고 싶었다.

나로서는 여성 동료들끼리 서로를 지지해 주고 도와야 한다는 그녀의 평소 신념에 맞게, 그녀의 회사 생활에 조금이나마 긍정적 변화를 이끌어 낼 수 있는 방법을 함께 고민해 보기 위해 꺼낸 말이었다. 내가 그 동료의 상사나 팀원도 아니고, 동료와 직급도 같은 상황이어서 정말 순수하게 돕고 싶은 마음에서 그 대화에 임했던 것이다. 상사와 팀원 사이의 수직 관계가 아니라 우리 둘의 수평 관계였기 때문에 둘 사이에서 개방적이고 유연한 피드백 대화가 가능하리라 생각했다. 우리 둘은 속한 팀도 달라서 내가 좀 더 객관적인 시각으로 그 동료에게 도움을 줄 수 있을 거라고 여겼다. 그런데 오히려 둘이 대화하는 동안 그 동료의 감정이 격해졌고, 나는 나대로 마음이 불편해졌다. 그 동료는 갑자기 내가 왜 자신을 '평가'하느냐며 불쾌한 기색을 내비쳤다.

또 한번은 국제기구의 다른 동료가 직접 내게 피드백을 구했다. 그 동료는 부서 내에서 자신에게 명쾌하게 피드백을 주는 사람이 없는 상황이라고 말했다. 그래서 어떻게 하면 부서 내에서 자신에 대한 근무 평가가 개선될 수 있을지 그 동료가 내게 직접 물어왔다.

이번에도 그 동료를 돕고 싶은 마음에, 내가 생각하는 최선의 방식으로 조언을 건넸다. 이때 그 동료와의 대화 자체는 꽤 호의적으로 잘 흘렀다고 생각했는데, 그 대화 이후로 그 동료와의 관계가 어색해졌다. 이러한 경험이 있다 보니 누군가, 특히 여성 동료가 내게 피드백을 구해오면 선뜻 그 부탁을 정말로 들어줘야 맞는 것인지 아니면 정중하게 거절해야 그 동료에게 더 나은 것인지 고민이 된다. 남성 동료가 내게 피드백을 구하는 경우도 꽤 있었는데, 남성 동료들은 대체로 피드백을 구하고 그것을 자신만의 방식으로 소화하고 받아들이는 것에서 유연한 모습을 보였다.

여성들 사이의 텃세가 남성들 사이에서보다 더 심할 수 있다는 이야기를 여러 소셜 미디어 혹은 방송을 통해서 접한다. 물론 언제나 맞는 이야기가 아닐 테지만, 그리고 아니기를 바라지만, 이 분석대로 흘러갔던 상황이 내게도 꽤 있었다.

그래서 나는 이렇게 생각한다. 여성으로서 우리가 아직도 이 사회에서 겪는 유리 천장을 극복하기 위해 서로가 서로를 돕고 진정한 멘토가 되어주는 것이 중요하다고 생각한다면, 그를 위해 필요한 노력을 해야 한다. 그를 위해 긍정적인 자세와 유연한 태도가 우리에게 요구된다. 서로를 헐뜯는 것이 아니라 진심으로 서로를 위하고 응원할 수 있는 연대 문화와 관계 구축이 필요하다.

이미 사회에서 큰 영향력이 있는 여성 CEO와 리더가 선한 마음으로, 진심을 다해 다른 여성을 멘토링하고 나눔을 실천하시는 모습도 볼 수 있어서 감사하고 다행이다. 우리에게 롤모델이 되어주는 분들이 계셔서 감사하고, 그런 분들이 앞으로 더 많이 나와야 한다고 생각한다. 우리 스스로도 그런 선한 영향력을 나누는 멋진 리더가 되어 보자. 그를 위해 적극적으로 좋은 질문을 던지고 지혜를 구해 보자.

건강한 피드백 문화

낯설지만 필요한 문화, 피드백과의 첫 만남

앞 장에서 국제기구인 우리 회사 내 피드백 문화에 대해 잠깐 살펴보았다. 좋은 피드백은 건설적인 피드백으로, 그 사람이 잘하고 있는 긍정적인 부분과 앞으로 개선과 발전이 필요한 부분을 둘 다 포함한다. 그동안 어떤 점이 좋았고, 앞으로 더 발전되면 좋을 점이 무엇인지 구체적으로, 그에 대해 권고되는 행동이나 방법을 함께 고민하는 그런 피드백 대화가 좋은 피드백 대화이다.

나도 국제기구에서 일하면서 이 '피드백 문화'라는 것에 새롭게 눈을 뜨게 됐다. 내가 한국 기관에서 일했던 경력은 비교적 짧고, 그 시기에 당시 상사와 주기적으로 건강하며 긍정적인 피드백 대화를 가졌던 경험은 없었다. 그래서 이 피드백 문화는 내게 새로운 경험이었다.

국제기구의 피드백 시스템이 완벽하다는 이야기는 아니다. 물론 개선해야 할 점이 있다. 하지만 적어도 그 피드백 시스템은 상사와 팀원과의 주기적이고 건강한 체크인(Check-in) 대화를 장려하기 때문에 그 점이 바람직하다고 생각한다.

UN 기구와 국제기구, 다자개발은행(MDB) 등 각 기관의 피드백 문화는 조금씩 다를 수 있다. 내가 일했던 UNFCCC 사무국에서 근무 평가 프로세스는 비교적 제한적이었고, 주된 목적이 1년간 각 직원 개인적 업무 성과와 목표를 달성했는지 부분에 대한 간단한 기록을 직원과 상사가 함께 남기는 데 있었다.

내가 현재 몸담고 있는 국제기후기금에서의 근무 평가 프로세스는 내가 경험했던 다른 UN 기구들보다 확장적이었는데, 내가 이직하고 2년 차에 경험한 바로는 당시 근무 평가에서 뛰어난 등급을 받은 직원들에게 최대 6~7%까지 연봉 인상의 혜택을 주었다. 직원들의 뛰어난 성과를 축하하고 인정해 주는 분위기였고, 상사와 직원 간 주기적 대화를 통해 앞으로 각 직원이 어떻게 더 업무 능력을 향상시키고 자기계발을 해야 할지를 심도 있게 논의해 보라고 장려했다.

즉 근무 평가는 각 직원의 더 큰 역량 강화와 발전을 위한 도구로써 활용된다.

기관 내에서 직속 상사뿐만 아니라 다른 시니어나 동료들에게도 피드백을 얻고 구할 수 있도록 포털 시스템이 구축되어 있다. 또 최고참 국장급 인사는 모든 팀원으로부터 피드백을 받을 수 있도록 연말·연초 서베이를 론칭한다.

처음 이 근무 평가 시스템과 피드백 프로세스를 접했을 때, 내 직속 상사와 얼굴을 마주 보고 나누어야 하는 피드백 대화가 어색하기도 하고 쉽지 않았다. 국적도, 문화도 다른 팀원들이 모여서 일하는 기관이다 보니 피드백 대화에 임하는 당사자끼리도 서로를 잘 이해하고 원활한 대화를 나누는 것이 쉬운 일이 아니다.

서로의 커뮤니케이션 스타일도 다르고, 중요하게 생각하는 가치가 다를 수 있다. 팀원들을 아우르고 칭찬하고 격려하는 것이 중요하다고 생각하는 동료나 상사들이 있는가 하면, 그런 부분보다는 개인의 분석적 사고나 기술적인 업무 역량을 더 중요하게 여기고 직원들 치하나 격려는 상대적으로 덜 중요하게 생각하는 동료와 상사들도 있다.

실제로 내가 전에 한 상사와 피드백 대화를 하면서 이러한 차이를 많이 느꼈고, 그래서 어려웠다. 솔직히 별로 달갑지 않았다. 그 상사는 피드백이 강하고 세게, 때론 날 선 언어로 나갔을 때 가장 효과적이라고 생각했다. 그래서 상사와 피드백 미팅을 하면 진이 빠졌다. 피드백이 내 발전과 지속적 성장을 위해 중요한 것이라고 회사에서는 계속해서 홍보하고 관련 트레이닝과 워크숍을 상사와 직원별로 구분해 계속해서 주최해 오고 있다. 그럼에도 그동안 마음에 상처만 남는 별로 건설적이지 않은 피드백 대화도 몇 번 있었다.

여러 가지 이유로 이 피드백 문화가 나는 어렵게 느껴졌다. 그래서 내가 상사에게 받았던 피드백은 바로, 내가 적극적으로 상사와 다른 동료에게 피드백을 구하지 않는다는 점이었다.

피드백을 잘 활용하는 법

그러면 왜 나는 남에게 피드백을 구하고 듣는 것이 어려울까, 고민해 봤다.

피드백에는 긍정적인 피드백도 있고, 앞으로 개선하면 더 좋을 부분에 대한 피드백도 포함되어 있다. 그런데 통상적으로는 피드백 할 때, 주로 부정적 피드백만을 주고받게 되는 경향이 있는 것 같다. 그래서 자동으로 '싫은 소리'라고 인식이 되어 어려운 것이다.

실제로 내 남성 상사에게 별로 건설적이지 않은, 감정이 섞인 피드백을 들어본 적이 있어서, 피드백은 그야말로 '싫은 소리'라 생각이 됐던 적이 있다.

그럼에도 불구하고 최근 들어서는 이 피드백 문화가 조금은 더 편해졌다. 이 문화에 더 익숙해지기 위해 국제 커리어 코칭 전문가와 1:1 세션을 몇 차례 가지기도 했고, 연습도 했다.

세계은행 출신 커리어 코칭 전문가가 내게 해준 말이 도움이 됐다. 피드백을 우리가 옷을 사러 간 옷 매장의 사이드 거울과 같은 것이라고 생각해 보라는 조언이었다. 정면 거울에서는 볼 수 없는 각도의 내 모습을 사이드 거울이 비춰주는 것처럼, 내가 잘 볼 수 없는 평소의 내 모습이나 성향, 업무 태도나 역량까지 타인의 '피드백'이 비춰줄 수 있다는 것이었다.

그렇게 생각하니 피드백에 대한 마음이 더 편해졌다.

그리고 타인의 피드백이 어떠하든 – 긍정적이든 부정적이든, 건설적이든 그렇지 않은 것이든 – 우리가 필요한 부분을 취해서 활용하면 된다. 그것 자체에 전전긍긍하거나 연연할 필요가 없다. 앞서도 본 것처럼 우리가 나에 대한 믿음이 견고할 때, 나 자신을 존중해 주는 마음이 있다면, 피드백이 어떻든 흔들릴 이유가 없다.

타인이 우리를 평가하는 말에 갈대처럼 흔들리지 않아도 된다. 피드백 대화에서 우리 발전에 도움이 될 만한 부분을 취하고 그렇지 않은 부분은 신경 쓰지 않으면 된다.

상사나 다른 멘토, 상관의 피드백이 맞을 수도 있지만 틀릴 수도 있다. 사실이 아닐 수도 있다. 피드백이라 칭하며 사정없이 남을 깎아내리거나 악의적으로 특정인을 괴롭히거나 하는 부정적 사례도 종종 있다.

그러니 그저 이 피드백 문화를 담백하게 바라보고 활용하면 된다. 자신에게 도움이 될 방향으로 피드백을 성장 촉진제로 쓰면 된다.

재미있는 점은, 내게 개인적으로 큰 상처가 되었던 이전 상사의 날카로운 피드백 덕분에 오히려 내가 크게 깨달은 점이 있다는 것이다. 내가 몸담은 국제기구의 피드백 문화는 때로 꽤 직설적이며, 과정보다는 결과에 더 무게를 두는 경향이 있다. 그 안에는 서구 문화적 특성과 더불어, 남성 중심적 요소가 일정 부분 섞여 있다는 사실도 알게 되었다. 이러한 현실에 눈을 뜨게 되니 오히려 마음이 차분해지면서, 앞으로 어떻게 회사 생활을 더 현명하게 해나갈지 더 현실적으로 생각할 수 있게 됐다.

그와 동시에 내가 어떤 부분에서 어떻게 달라져야 할지를 똑똑히 보게 됐다. 그 모진 말 덕분에. 결과적으로 그 당시 마음의 상처는 컸지만, 그 일로 인해 더 단단해지는 계기가 됐다. 그래서 남이 뭐라 해도 '그래, 그럴 수 있어'라고 조금은 더 가볍게 생각할 수 있게 됐다.

피드백을 내게 도움이 되는 방향으로 현명하게, 성장의 촉진제로 활용해 보자. 그럴 수 있는 눈을 키우자.

신이 아닌 이상 나에 대한 그 누구의 피드백도 100% 객관적이고 다 옳은 이야기일 수는 없다. 그러니 조금은 더 가볍게 생각해도 된다.

이를 이해하고 피드백을 구하고, 건강한 피드백 문화를 즐겨 보자. 우리가 기관의 피드백 문화를 더 유용하고 우리에게 도움이 되는, 건전한 것으로 만드는 데 일조할 수 있다. 멋지지 않은가!

남의 피드백이 내게 상처일 때

그래, 그럴 수 있지.

앞 장에서도 보았지만, 남이 우리에게 주는 피드백이 항상 건설적인 것은 아니다. 건설적인 것도 아니면서, 쓸데없이 마음에 상처를 주는 그런 유형의 '피드백'도 있다. 이런 경우에는 내가 필요한 부분만 취해서 내 성장과 발전에 도움이 되는 방향으로 피드백을 활용하면 된다. 하지만 그 전에 그러한 무지막지한 피드백을 듣고 우리 마음의 상처가 생긴다면 어떻게 해야 할까. 그럴 때 유용한 생각이 바로 '그래, 그럴 수 있지'이다.

함께 살펴보자. 어렸을 적에 나는 뭐가 그리 억울한 일이 많았을까. 만날 싸우고 아웅다웅하던 남동생이 평소처럼 놀리고 말을 심하게 하면 억울했다. 거기다 엄마는 동생을 더 이해해 주시고 언제나 동생 편을 드는 것 같아 억울했다.

지금 와서 예전보다 성숙해진 나의 눈으로 생각해 보면, 동생이든 엄마든 직장 상사든 동료든 내가 억울하다는 느낌이 들게 한 상황이 있더라도 '아, 그래.' 하고 넘어가면 되는 일이었다.

그런데 그렇게 넘어가지 못하고 계속 억울한 감정이 들었던 이유는 아마도, 내가 왜 억울한지 그들을 이해시키고, 납득시켜야만 한다는 생각 때문이었던 것 같다. 그래서 말싸움이 길어졌고, 끝내 동의하지 않고 미안해하지 않고 굴복하지 않는 상대를 보며, 억울하고 서러운 감정이 아주 오래 남았다.

이제는 안다. 그럴 필요가 없다는 걸. 그런 상황에서는 '<u>그래, 그럴 수 있지. 상대방은 그렇게 생각할 수 있지</u>' 하고 넘어가면 된다. 나와 똑같은 사람이 아닌데 나를 완벽하게 이해하고 나와 똑같이 생각하기를, 온전하게 공감해 주기를 상대방에게 기대하는 것은 무리라는 것을 이제는 안다. 그건 상대방에게 나도 마찬가지다.

이를 조금이나마 깨우치기까지 참 오랜 시간이 걸렸다. 그리고 나는 이 교훈을 일터에서도 적용한다. 가끔 백번 양보해서 생각해도 이해하기 어려운 상사의 말이나 행동이 있다.

국제기구에서 꽤 오래 일하고 있는 나는 우리의 국적과 자라온 배경, 문화와 모국어 차이 이상으로, 우리가 일하고 생각하고 업무를 수행하는 방식에도 서로 큰 차이가 난다는 것을 매일 체험한다. 내가 전에 함께 일했던 개발도상국 출신이면서 박사 학위를 취득한 한 동료는, 누가 봐도 똑똑한 것을 알 수 있는 인텔리다. 일하고 공부하는 것밖에 모르고 참 열심히 산다. 그 친구가 숨 쉬고 내뱉는 것조차 '일'이라는 생각이 들 때가 많다.

 그런데 평소에 그 동료는, 뭔가에 대한 자기 생각을 나누고 의견을 제시하고, 또 우리에게 상사로서 피드백을 줄 때 뭔가 철학적 언어를 사용하는 스타일이다. 말로 해도 그렇고, 글로 써준 피드백도 몇 번을 다시 읽고 차분하게 다시 돌아가서 읽어 봐도 수수께끼 같다는 느낌을 지울 수 없다. 좀 더 분명하고 명쾌하게 말하면 이해하기도 쉬울 텐데, 나를 포함한 팀원들이 그 동료의 말을 처음 듣고 단박에 이해하기가 어려운 것이 사실이다.

 한번은 이 동료가 상사로서 내게 피드백을 몇 차례에 걸쳐 주는데, 본인이 처음에 제시한 틀에 내가 콘텐츠 내용을 수정해서 제출한 것이 서너 번도 넘었다. 그런데 피드백-수정 라운드가 지속될 때마다 이전 피드백 내용을 번복하는 듯한 전혀 새로운 피드백과 지시사항이 내려왔고, 두어 달 가까이 간단한 미디어 콘텐츠에 대한 승인이 나질 않았다.

 그러면서 내게 보낸 이메일에서, 다시 수수께끼 같은 지침 사항을 내림과 동시에 이 지침 사항이 자신이 내게 강조한 '분석적 사고' 영역이라고 덧붙였다. 처음에 그 이메일을 보고 한숨이 나온 것이 사실이다. 지금까지의 모든 피드백 과정을 세세히 기억하고 있는 나로서는 그 메일 내용 자체에 그 동료의 기억적 오류가 있다는 것도 안다. 예전의 나였다면 이런 상황에서 '억울함'의 소용돌이에 휩싸여 괴로워하고 있었을 것이다. 왜 이 상사의 이메일에는 남을 찍어누르는 듯한 어조와 기분이 담겨 있는 걸까.

그런데 나는 '억울함'이라는 감정의 소용돌이에 나 자신을 몰아넣지 않기로 했다. 그 소용돌이에 빠져 허우적거릴 시간도 거기 소모될 내 에너지도 아깝다. 대신 나는 이렇게 나 자신에게 말해주었다. "그래, 그럴 수 있지."

그 상사가 그동안 나와 말로, 글로 의견을 주고받으면서 뭔가 내가 캐치하지 못하는 부분이 있다고 생각했을 수 있지.

언제나 다소 '철학적' 언어를 사용하는 그 동료는 그의 언어를 단번에 잘 이해하지 못하는 우리를 보면 그 동료의 입장에서 답답하게 느끼는 부분이 있을 수도 있겠다.

일과 공부만 하면서 깨어 있는 모든 시간과 에너지를 소비하는 그가 내 프로젝트 관련 미디어 포스트 하나를 완성하는 데 엄청난 시간과 신경을 써주는구나. 그래, 그 부분이 고맙다.

그래, 그럴 수 있지.

그래, 그럴 수 있지.

그래, 그럴 수 있지.

이렇게 생각하고 되뇌어 보면 그렇게 큰 문제가 아니라는 걸 알게 된다. 정말 그렇다. 한번 해보시길 권한다.

'그래, 그럴 수 있지' 테크닉이 더 잘 그 빛을 발하게 하는 비밀이 또 하나 있다. 나에 대한 자존감이다. 나 자신을 귀하게 여기고 내가 자존감이 있을 때 이 테크닉이 잘 작동할 수 있다. 내 상사가 똑똑한 것처럼, 나는 내가 총명하고 일도 잘한다는 걸 안다.

나 자신에 대한 믿음이 있고, 내가 최선을 다해 즐겁게 열정적으로 일한다는 것을 알기에, 상사의 수수께끼 같은 뭔가 '찍어누르는 듯한' 이메일을 받아도 어깨 한번 으쓱하고 다시 시작하면 된다. 그래, 그럴 수 있지. 그 상사는 그렇게 생각하고 지침을 내릴 수 있다. 개의치 않는다. 나는 내 할 일을 하면 된다. 다시 차근차근 그의 수수께끼 같은 지침을 풀면 된다. 다시 하면 된다. 나는 괜찮다! 나는 나로 충분하다!

누군가 피드백이라며 마음을 할퀴는 듯한 말을 했다면, 이렇게 한번 말해보자.

"그래, 그럴 수 있지. 그 사람은 그렇게 생각하고 말할 수 있지."

"그런데 괜찮아. 내게 도움이 되는 방향으로 그 피드백을 업무에 적용하면 되는 거야."

"아하, 내가 이 부분에서 좀 미흡했구나. 하지만 누구나 실수할 수 있지. 앞으로 이 부분을 더 보완하고 더 잘할 수 있어."

미국 유학 중 묻고, 또 물었던 경험

UCLA를 '숨마쿰라우데(summa cum laude)'로 졸업한 비결

미국에서 홀로 힘들게 SAT 시험을 공부하고 합격한 UCLA에서 나는 또 하나의 엄청난 도전에 돌입했다. 나의 SAT 시험 정복기는 뒤의 '나누고 공유하라!' 장에서 풀어놓겠다.

캘리포니아 유명 주립대로 한국에도 잘 알려진 UCLA는 캘리포니아 출신이 아닌 미국인과 유학생에게 학비가 매우 비쌌다. 미국 고등학교 학비도 부모님께 큰 부담이 됐는데, 대학교에 진학하자 그 액수가 너무 크게 뛰어서 학비 지원을 해주시던 엄마께 미안했다. 그렇다고 내가 캠퍼스 안에서 아르바이트와 학업을 병행한다면, 실질적으로 내가 벌 수 있는 돈은 미미한데 그것이 학업에도 부담을 줄 거라 생각했다. 미국 대학교는 고등학교와는 완전히 다른 리그였다.

훨씬 더 높은 차원의 사고력과 공부량이 필요했다.

학업과 아르바이트를 병행하다가 조금이나마 졸업이 늦어지거나 학업에 지장이 생기게 하는 것보다, 그 비싼 학비를 1년이라도 덜 내는 쪽이 엄마 부담을 덜어주는 것이라고 판단했다. 그래서 처음부터 UCLA에서 3년 만에 학사 학위를 받고, 거기다 더해서 숨마쿰라우데, 즉 최우수 성적으로 졸업하기로 결심했다. 그것이 UCLA에서의 내 목표였다. 숨마쿰라우데 졸업자에게는 졸업장에 숨마쿰라우데라고 기재가 되었고, 당시에는 전혀 몰랐지만, 졸업 가운을 입고 졸업 사진을 찍을 때 학교 측에서 무슨 밧줄 같은 것을 어깨에 둘러 주었는데 알고 보니 그게 그 영광의 상징이었다.

UCLA를 3년 만에 숨마쿰라우데로 졸업. 그 목표를 이루고자 나 자신을 너무 몰아붙이기는 했다. 솔직히 힘들었다. 몸도 마음도 많이 지쳤다. 그 3년 동안 배탈을 달고 살았고, 피부 트러블도 매우 심했다. 여기에서 내가 덧붙이고 싶은 말은, 대학교 GPA 만점이나 숨마쿰라우데 최우수 성적 졸업이 모두에게 최고의 가치가 될 수 없고, 또 그럴 필요도 없다는 것이다. 그때의 나는 그냥 그것을 목표로 삼았다. 그러지 않아도 되는데 그냥 그렇게 하고 싶었다. 그걸 내가 달성해야 비싼 미국 대학 학비를 대주시는 엄마 아빠께 떳떳할 것 같았다. 그런데 그 목표 달성을 위해 내가 희생한 것이 많았다. 바로 내 신체적 정신적 건강과 좀 더 다양한 미국 대학 생활에서의 경험과 성장의 기회, 그리고 친구들과의 의미 있는 시간이다.

어쨌든 지금의 나는 학교 GPA나 최우수 성적 졸업 등에 예전처럼 매우 큰 가치를 두지는 않지만, UCLA에서 3년 만에 숨마쿰라우데로 졸업한다는 것은 어려운 도전 과제임이 분명했고 그를 위해 내가 적극적으로 '묻고 구했던' 삶의 방식이 큰 도움이 됐기에 그 이야기를 풀어본다.

나는 2004년 8월에 UCLA에 입학하여 2007년 6월에 국제개발학 전공과 중동 및 북아프리카 연구 부전공으로 졸업했다.

UCLA에서 3년 만에 숨마쿰라우데로 졸업하는 것은 어렵긴 해도 가능은 했다. 미국 뉴스 앤 월드 리포트에 8년 연속 미국 최고의 공립대학으로 선정된 UCLA에서 최우수 성적으로 졸업했던 나의 노하우를 공유하고자 한다.

이 챕터의 주제인 적극적으로 '묻는', 물어가며 스스로 답을 찾는 것이 바로 비결이었다. 어떻게 누구에게 물었는가 하면 바로 교수님과 조교(TA)의 '오피스 아워(Office Hours)'를 적극적으로 활용하여 그분들께 묻고 도움을 구했다.

UCLA에 입학한 후, 교수님과 조교(TA)들이 오피스 아워를 제공한다는 것을 알게 됐다. 처음에는 오피스 아워가 수업과 성적에 대해 걱정이 많은, 다시 말해 뒤처지는 학생들을 위한 것이라고 생각했다. 그러니 나는 오피스 아워에 교수님을 찾아뵐 필요가 없겠지. 게다가 바쁜 교수님과 TA들을 귀찮게 하면 안 되겠지? 한국인으로서 처음 든 생각은 공연히 다른 사람들에게 불필요하게 폐를 끼치지 말자, 하는 것이었다. 교수님과 조교 사무실에 찾아가서 불필요한 질문으로 그분들을 귀찮게 하지 말자.

그때의 내 생각은 정말 바보 같은 것이었다. 이제는 안다. 만약 그때의 나와 비슷한 생각을 하는 독자분이 있다면, 그 생각을 과감하게 버리라고 말씀드리고 싶다.

교수님과 조교의 오피스 아워는 이유가 있어서 존재한다. 그 정해진 시간에 교수님이나 TA를 만나러 가는 것은 절대 잘못되거나 그분들에게 성가신 일이 아니다. 사실, 그들은 학생들의 방문을 환영하고 권장한다. 수업이나 성적에 대해 걱정이 있는 사람들만을 위한 것이 아니다.

오피스 아워를 활용하는 방법과 목적에는 다양한 것이 있을 수 있다. 첫 번째로 교수님 혹은 TA와 더 잘 알아가고 친근한 대화를 나눌 수 있다. 또는 그들의 클래스, 강의 스타일, 시험·평가, 채점 기준에 대해서도 여쭈어볼 수 있다. 그보다 더 확장해서 클래스 범위를 넘어서는 지적 토론을 할 수도 있다.

추가로 덧붙이자면, 대부분의 TA들은 가까운 미래에 교수가 되고 싶은 열망을 가지고 있으므로, 학생들과의 상호작용을 환영한다. 그러니 그들에게 말을 거는 것을 두려워할 이유가 없다.

내가 주도적으로 행동하고, 얼굴을 비추고, 학업 성공과 성취를 위해 편안한 영역에서 벗어나는 것의 중요성을 깨달은 후, 내 발은 결코 쉬지 않았다. 넓디넓은 UCLA 캠퍼스를 바쁘게 걸어 다녔고, 하루에도 여러 번 가파른 브루인 워크(Bruin Walk)를 오르내렸다. 오피스 아워에 내가 수강하는 과목 교수님 혹은 TA를 부지런히 찾아가서 내가 궁금한 부분을 여쭙고, 사전에 준비한 간단한 질문 목록으로 대화를 시작했다.

　물론 쉽지 않았다. 여전히 내가 그들을 불필요하게 귀찮게 하고 있을지 모른다는 생각이 올라올 때가 있었다. UCLA에 다니면서, 나는 철두철미한 시간 관리와 계획의 달인이 되어야 했다. UCLA는 2학기제(semester)가 아닌 4분기제(quarter)로 운영됐는데, 이는 한 클래스가 보통 10주 정도로 짧고 굵게 진행된다는 것을 의미했다. 나는 분기마다 평균 22에서 26학점 정도를 수강했는데, 기본적으로 4학점짜리 수업 네다섯 개에 다른 1학점 선택 과목 등을 수강했다. 한 분기에 각 학생이 최소 13학점을 듣는다는 것을 감안할 때, 타학생에 비해 두 배는 더 많이 학점을 들었다. 시간 관리의 달인이 되어야 했다. 그래서 새 분기가 시작되기 전이나 시작하자마자, 교수님과 TA들에게 인사하러 가는 전략을 세웠다. 오피스 아워 동안 클래스에 대해 미리 대화를 나누면, 그 수업이 어떤 내용일지, 교수님이 학생들에게 기대하는 바가 무엇인지에 대해 큰 도움이 되는 정보를 얻을 수 있었다. 이 전략은 내게 앞서 나갈 기회를 주었고, 내가 분기마다 등록한 각 수업에 대해 나의 여정을 최고로 계획할 수 있게 해줬다.

　또 하나의 팁은 바로 적극적인 사고이다. 우리가 적극적으로 사고하고 의견을 냈다는 것이 우리 글(에세이 등 과제)과 말(수업 시간 발표, 소그룹 토론 등)에도 잘 드러나야 A 학점을 받을 수 있었다.

　나는 생각한다, 고로 존재한다. 우리는 우리가 생각하며 살고 있다고 믿는다. 그런데 UCLA에서 공부하는 동안, 나는 내가 결코 무언가에 대해 의견을 내거나 나만의 관점이 무엇인지 생각해 보는 습관이 전혀 없다는 사실을 발견했다. 예를 들어, 클래스 리딩을 할 때, 내가 저자의 논리나 주장에 동의하는지 혹은 반대하는지에 대한 특별한 생각 없이 '글자만' 읽고 있는 경우가 많았다. 무의미하고 무심한 독서를 하고 있었다는 것을 나중에야 깨달았다.

결국, UCLA에서 공부하는 동안 내가 의식적으로 생각하고, 의견을 내는 연습을 하지 않으면 결코 의미 있는 학업적 성취를 이룰 수 없으리라는 것을 일찍이 깨달았다. (여기서 덧붙이고 싶은 것은 이는 대학교 그리고 대학원 졸업 후의 우리 삶에도 적용되는 교훈이라는 점이다.)

UCLA에서의 학업적 성취가 적극적으로 생각하고 모든 것에 호기심을 가지는 자세를 필요로 한다는 것을 이해하게 된 후, 나는 모든 종류의 클래스 리딩 자료를 목적의식을 가지고 읽기 시작했다. 수업 자료를 읽다가 집중이 안 되고 주의가 산만해질 때면, 나는 금세 그것을 알아차리고 그 글의 논리와 저자의 주장을 완전히 이해할 때까지 글을 읽고 또 읽었다. 그런 다음 나는 저자가 말하는 주제나 이슈에 대한 나만의 의견을 정리해 보았다.

내가 목적의식을 가지고 완료했던 첫 번째 클래스 리딩이 아직도 기억에 남는다. 그것은 한 프랑스 저자가 쓴 짧은 에세이였는데, 저자의 실제 이야기를 담았다. 저자인 그녀는 프랑스에서 교수가 되었고 부르주아로서 여유 있는 삶을 살고 있었지만, 그녀의 노동자 계급 출신 아버지는 그녀의 부르주아 생활 방식과 선택에 공감하지 못했다는 내용의 에세이였다. 저자가 예로 든 내용이 바로 그녀의 아버지 생신 선물 선택에 관한 일화였다. 그녀는 고심에 고심을 거듭해 고급 면도 크림을 아버지 생신 선물로 드렸는데, 정작 아버지는 그 선물을 어떻게 활용하는지, 그 물건이 무엇인지도 몰랐다. 그 상황에서 아버지가 헛웃음을 지었다고 그녀는 회상했다.

이 에세이를 읽고 짧은 글을 작성하여 클래스 포털에 게시하는 것이 당시의 과제였다. 나는 적극적으로 깨어 있고 생각하는 상태로 에세이를 읽었다. 그러면서, 내가 읽은 모든 내용에 논쟁의 여지가 있다는 것을 발견했다. 이 에세이 저자의 생각과 주장에 대해 다양한 측면에서 나만의 의견을 내기 시작했는데, 처음이었지만 재미있었다. 나는 에세이에서 드러난 저자의 생각에 대한 비판적 시각을 내놓았고 짧은 글을 작성하여 클래스 포털에 게시했다. 결과는 대성공이었다. 프랑스 학과의 TA는 내 글을 매우 마음에 들어 했고, TA가 주도하는 소그룹 토론 세션에서 모범적인 글이라며 내 글을 소리 내어 읽었다. 바로 이 순간이 내 삶에 있어 비판적 사고와 글쓰기 여정의 시작이었다.

또 이 TA에게 질문하고 이야기를 나누면서, 나는 더 많은 것을 배울 수 있었다. 그녀는 나에게 비판적으로 생각하는 방법과 이를 글로 잘 표현하는 방법에 대해 가르침을 주었다. 이때 나는 창의적으로 글을 쓰는 방법도 배울 수 있었다.

더는 의견이나 생각 없이 살지 말자. 모든 것에 대해 호기심을 가져 보자. 오랫동안 사회적 규범이나 기준으로 여겨져 온 것에 대해 나만의 시각으로 한번 생각해 보자. UN·국제기구, 공공 부문, 그리고 미디어에서 13년 이상의 경험을 가진 전문가로서, 이것이 비즈니스와 커리어 성공에도 적용된다는 것을 증명할 수 있다. 나만의 의견을 내보자. 나만의 생각을 말과 글로 독창적으로 표현해 보자.

How I graduated UCLA summa cum laude in just three years

I had it tough. Early on, I was determined to obtain my Bachelor's degree in just three years from the University of California in Los Angeles (UCLA), and to graduate summa cum laude.

And I did it! Entering UCLA in August 2004, I graduated summa cum laude in June 2007 with a major in International Development Studies and a minor in Middle Eastern and North African Studies.

This meant hours and hours of dedicated, smartly planned and executed work, and know-how. Graduating from UCLA summa cum laude in just three years is not impossible, but it sure was difficult.

Let me share with you my secret to a 3.9/4.0 GPA from UCLA, the top public university in the U.S. for eight years in a row by U.S. News and World Report.

Actively utilize the Professor's and TA's office hours and ask!

Soon after entering UCLA as a first year, I learned that the Professors and teaching assistants (TAs) offered the so-called 'office hours' and listed these on the syllabus. My first reaction? The 'office hours' must be for those who have concerns about the class and their performance for whatever reason. I won't be needing those. Plus, why would I go bother the busy Professors and TAs? My Korean cultural upbringing is that I should not do anything that will burden other people unnecessarily. So I will not show up in their offices and bother them with questions.

And how wrong I was. If any of you are thinking like this and you are about to start a college/university in the U.S. especially, please scrap that idea (my initial thinking in the above paragraph). The Office Hours are there for a reason. It is not a nuisance to go see the Professor or the TA during office hours. In fact, they welcome and encourage students' visits and walk-ins during their designated office hours.

Office hours are not just for those who have concerns about the class or how they are doing in class. It can be for a cordial chat to get to know the Professor/TA better. Or it could be a conversation aimed at learning more about their vision and direction for the course and their teaching style, method, and exam/assessment and scoring rubrics. It could be even for an intellectual sparring and debate that goes beyond the scope of the course, if you so desire. One additional tip? Most of the TAs are those with a desire to go into teaching and become a professor in the near future, and so they usually welcome opportunities to interact with and hear from the students and about their joys and struggles in their academic journey. So don't be afraid to go speak to them.

Once I realized the importance of taking initiative, showing up, and going out of my comfort zone for my academic success and achievement, my feet were never idle. I walked and walked busily across the expansive UCLA campus area, went up and down Bruin Walk several times a day. I showed up, chatted with the Professors and TAs, and started with a list of questions I had prepared. It did not come easy of course. I still had to fight and break the cultural norm and thinking that I was 'bothering' them unnecessarily.

During my time at UCLA, I had to be a master of time management and exceptional planning and organizing, as I gave myself just 3 years to complete my Bachelor's degree. UCLA had a quarter system, which meant one class is usually about 10-weeks long. On average, I took as many as 26 credits per each quarter, with several 4-credit classes and 1-credit electives.

Given this, I also came up with a strategy to go say hi to the Professors and TAs at the start of, or even before the start of a new quarter. Having an early conversation about a class during office hours gave me a pretty good idea about what the class would be about, and what the Professor's expectations would be for students when it comes to papers/essays, course readings and assignments,

TA-facilitated small group discussions, midterm and final exams. This strategy gave me a head start, and I could plan for an A+ course journey for each class that I signed up for the quarter.

Have an opinion. Think!

We are often under the impression that we think therefore we exist. However, I discovered during my time at UCLA that I often was not thinking actively. I often did not have an opinion about something – actually about anything. For instance, I could read something for course reading but often ended up with no particular thought – whether I agreed or disagreed with the author's argument or logic. It often was a thoughtless, and mindless reading, so I discovered.

Eventually I learned that not thinking and not using my mind would be problematic – while going to school at UCLA. (I should add that this is also true for life after graduation. This applies to work life and private life as well. More on this later.)

Once I came to an understanding that my academic success required a thinking and curious mind, I started reading course materials – all kinds – more intentionally and purposefully. When my absent-mindedness crept in again, I caught myself doing it and re-read the sections until I fully grasped the logic and argument. Then I started developing an opinion of my own. I remember the first course reading which I read with a purpose and intention. It was a short essay written by a French author — one who became a professor and was living her life as a bourgeois, while her own father from working class could not relate to her bourgeois lifestyle and choices. The author writes about how, for instance, she gave a shaving cream to his father as a birthday gift, after much pondering. However, the father gave a nervous laughter, not really seeing the usefulness of the gift.

The assignment was to read this essay, write a short reaction piece, and post it on the class portal. As I read the essay with an active thinking mind, everything I read was debatable. I had fun forming an opinion about different aspects of the essay and the author's own thinking and argument. With a critical analysis about certain aspects of the essay, I wrote and posted a short reaction blurb on the portal. The result? It was one notable success. The TA from the French studies department loved my piece, and she even read my blurb out loud in a TA discussion session as an exemplary writing. What a moment! This was the beginning of my life's journey in critical thinking and writing.

From this TA, I learned so much more. She showed me how to think critically and how to translate and express this in written words. This is when I learned that there are creative ways to write as well. The French bourgeois professor in the essay mentioned above wrote about her important life decisions, which were in parallel with her movement from one place to another. My observation was that her life was defined by mobility. When I wrote my reflections, I used the expression 'on the go' to explain the author's life defined by constant moves and travels. Honestly, before this, I had not used the expression 'on the go'. My brain somehow spewed this out when I spoke with the TA, discussing with her my analytical reading of the essay. This was such a great moment of learning and discovery that even after about 20 years since that time, I still remember it freshly.

Stop living mindlessly, without thinking. Be curious about anything and everything. Ask good questions and think differently about what's seen as social norms or standards. As a professional with more than 13 years of experience in UN/international organizations, public sector, and also in the media, I can also attest that this is true for business and career success. Have an opinion. Be inquisitive. Stay curious. Have fun communicating your thoughts verbally and also in writing.

당당하게 말하라!

더 이상 미안해하지 맙시다

미국 듀크대 공공정책대학원에서 석사 과정을 시작할 때만 해도 수업 시간에 쭈뼛쭈뼛 말도 잘 못하던 내가 여러 UN·국제기구를 거쳐 지금은 UN의 기후기금에서 당당하게 말하고 발언한다. 무수히 많은 팀 회의와 워크숍, 웨비나, 포럼 그리고 컨퍼런스 참석 기회가 있다. 그리고 그중에서 내가 말 한마디 하지 않고 끝내는 회의나 미팅은 없다. 발언 한마디, 질문 하나 하지 않고 어떤 회의나 업무 미팅이 끝났다는 것은 내가 그 회의 시간을 잘 쓰지 못했다는 뜻이다.

회의 때 무슨 할 말이 그렇게 많냐고? 나는 UN에서 커리어를 시작하기 전에 국내 공공기관과 기업에서도 일해 본 적이 있었다. 국내 기관에서는 나이도 어리고 경험도 부족한 신참이 회의 시간에 발언하거나 질문을 하는 것이 확실히 '눈살 찌푸려지는' 행동이었다. 그럴 엄두도 못 냈다. 물론 이는 내가 직접 겪어본 국내 기관과 기업 한정이다. 내 경험에 의하면, 국내 기관과 국제기구는 회의 시간의 공기 자체가 다른 것 같다.

앞서 말한 것처럼 국제기구 내에서는 대체로 회의나 미팅 때 모두의 적극적인 참여를 권장한다. 직급이 낮든 높든, 전문 분야가 무엇이든, 모두가 원한다면 자발적으로 참여할 수 있는 기회가 있다. 어떤 질문도 나쁜 질문은 없다며 질문을 하고 의견을 다른 팀원들과 나누는 것을 적극적으로 권장한다.

회의 시간에 적극적으로 질문을 할 수 있으려면 발표자의 발표 내용을 주의 깊게 듣고, 들은 내용에 대해 자기 생각을 정리해 보고, 궁금한 점을 물어보는 것이 필요하다. 또 궁금한 점이 아니더라도, 발표자 혹은 자신이 발언하기 전에 발언했던 동료의 의견에 대해 내 생각은 어떠한지 빠르게 정리해서 발언하는 일련의 행위가 필요하다. 단순히 손들고 입을 여는 것이 아니다. 회의 내용을 주의 깊게 잘 듣고, 깨어 있어 그에 대해 스스로 생각해 보고, 궁금하거나 추가 혹은 반박하고 싶은 내용이 있을 때 발언을 하는 것이다.

그렇게 깨어 있어 열심히 사고하고 질문하고 발언하면 좋은 점이 한두 가지가 아니다. 먼저, 회의 시간에 졸지 않게 된다. 마음과 뇌가 깨어 있어 생각 회로를 돌리게 되니 회의가 지루하거나 졸릴 일이 없다. 둘째로, 그렇게 적극적이고 능동적인 참여를 하면 그만큼 내가 그 회의나 미팅에서 얻어가는 것들이 많다. 회의 종료 후에도 회의 내용도 더 잘 기억에 남고 특정 주제 및 안건에 대해 뭘 더 해야겠다, 공부해 봐야겠다, 하는 것이 자연스럽게 정리가 된다. 예를 들어, 회의 주제가 인공 지능(Artificial Intelligence)을 업무 효율성을 높이기 위해 활용하되, 도덕적으로 잘 활용하는 방법에 관한 것이었다고 하자. 되도록 회의 때 적극적으로 자신의 의견을 내도록 하고, 해소되지 않은 부분이 있다면 발표자였던 동료나 전문가와 따로 약속을 잡고 더 깊은 대화를 나눠볼 수 있다. 혹은 이 분야가 앞으로 더 중요해질 것이라는 판단이 든다면, 이 주제에 대한 전문가 강의나 세미나가 있는지, 관련 연구 보고서가 있는지, 살펴보고 다음 회의 때는 자신이 깊게 공부한 내용을 발표해 봐야겠다고 자신의 'Next Step'을 정할 수도 있다.

회의 때 모든 안건과 논의가 앞으로 자신의 커리어 발전과 자기 계발을 위한 하나의 큐가 될 수 있는 것이다. 어떤 주제가 앞으로 더 유망해지고 업무에 있어 더 중요해질 역량이 무엇일지를 가늠해 볼 중요한 척도가 될 수 있는 것이다.

회의 때 적극적으로 참여하는 것의 또 다른 좋은 점은 열심히 발언한 만큼 적극적인 사고를 하는 직원으로 자신을 브랜딩할 수 있다는 것이다. 국제기구 내에서 그런 역량을 가진 인재를 원하기 때문에 이는 앞으로 기관 내에서의 기회 포착에도 도움이 될 수 있고, 다른 동료가 나를 더 잘 기억할 수 있게 하여 또 다른 배움과 성장의 기회로 이어지게 된다.

자, 내가 또 강조하고 싶은 내용이 있다. 나는 내가 모든 회의나 업무 미팅에서 적극적으로 발언하는 습관을 장착하게 되면서 내가 '당당하게' 말하고 있다고 생각했다. 그런데 그게 아니었다. 이것도 어떻게 알게 됐냐면, 나와 매우 다른 성향인, 다른 국적의 남자 상사가 내게 주었던 피드백을 통해 알게 됐다. 그 상사의 피드백에 의하면, 나는 회의 때 좋은 발언을 함에도 불구하고 '미안하지만' 혹은 '실례지만' 이런 말들로 시작을 한다는 것이었다. 마치 내가 발언하면 안 되는 자리라서 미안한데 나는 이렇게 생각해, 하는 식으로 내 모든 발언이 들린다는 소리였다. 그래서 모든 내 발언이 그렇게 "중요하고 가치 있게 생각하게 되지 않는다"라고 말했다.

처음에는 이 남자 상사의 피드백을 잘 이해할 수 없었고, 그 피드백 자체가 논리적이고 건설적이었다는 생각도 안 들었다. 정말 마음에 생채기만 내는 그런 '피드백'이었다. 도대체 무슨 말일까. 정신을 차리고 내가 발언할 때마다 의식적으로 나 자신을 관찰하기 시작했다. 내가 도대체 어떤 자세와 태도로 발언을 하는 건지 마치 제삼자가 된 것처럼 거리를 두고 나를 관찰한 것이다.

그랬더니 조금씩 내가 어떻게 발언하는지가 보였다. 뭐가 그렇게 미안한 건지 나는 회의 때 손을 들고 발언할 때마다 '실례지만'으로 시작하고 있었다. 국제기구에서 모든 회의는 영어로 진행되니 이런 식이다.

"I am sorry but I think that…"

(미안하지만 나는 이렇게 생각해…)

"I may have missed this from the presentation but I was just wondering if …"

(내가 이전 발표에서 놓친 부분일 수도 있겠지만, 이 부분에 대해 질문이 있는데…)

확실히 나는 내 발언의 내용과는 상관없이 발언의 시작을 이렇게 '미안해하면서' 시작하고 있었다. 뭐가 그렇게 미안한 건가. 미안해할 필요가 있나? 내가 발언해서 다른 사람의 발언 기회를 가져간다고 무의식적으로 생각해서 그런 건가? 아니면 이전부터 여자는, 또 그룹의 평균 나이보다 어린 사람은, 발언 기회가 거의 없는 문화와 교육적 배경에서 자라서 아직도 그 문화의 여파가 내 내면에 남아 있는 건가?

나 자신의 모습을 관찰하면서 다른 동료가 질의하고 발언하는 자세도 주의 깊게 관찰해봤다. 그랬더니 확실히 달랐다. 대체로 남성 동료들은 – 국적과 크게 상관없이 – 그들이 생각하는 것을 그대로 자신감 있게 발언했다. 눈치를 보거나 쭈뼛거리는 부분이 없었다.

대체로 다른 여성 동료들은 나와 비슷하게 "미안한데", "실례지만"이라고 하면서 발언을 시작하는 경향이 있었다. 물론 이런 부분 없이 시종일관 당당하게 발언을 마치는 여성 동료도 꽤 있다. 하지만 대체로, 국적 불문하고, 남성 동료에 비해, 미안해하면서 발언을 시작하는 여성 동료의 수가 조금 더 많았다.

몇 년 전 국제여성의 날을 기념하여 국제기구 여성 직원들 패널을 구성해 그들의 경험을 듣는 회사 내부 행사가 있었다. 국적도, 전문 분야도, 연령대도 각기 다른 4인의 패널이 구성됐고 그들의 커리어 여정에 대해 듣게 됐는데, 이 행사에서도 여성 참가자들은 "실례지만"이라고 하면서 질문이나 발의를 했다. 그래서 당시 매우 높은 직급이던 여성 상사 한 분이 손을 들고 이렇게 발언하셨다. "뭐가 미안합니까? 우리가 발언하고 참여하는 것에 대해 더 이상 미안해하지 맙시다." 그 발언 뒤 회의장에는 순간 정적이 흘렀고, 이내 여성 참가자들의 환호가 뒤따랐다. 국적도, 직급도 다른 우리 모두의 마음에 어떤 울림과 깨우침을 준 발언이었다.

앞서 우리가 함께 봤듯이 우리 모두는 좋은 의견을 낼 수 있고, 존재 자체로 존중받아야 하는 사람이다. 회의 때 손을 들고 질문하는 행위는 아주 좋은 모습이다. 우리의 적극적인 참여, 질의와 토론은 당연한 것이고 축하받아야 할 일이지 미안해할 일이 아니다.

우리가 무의식적으로 보이는 이러한 태도와 자세 때문에 다른 이들이 쉽게 우리를 약하다고 평가내릴 수도 있다는 것, 이걸 나도 전혀 모르다가 알게 됐다. 어떻게 보면 참 냉정한 세계이다. 까딱하다가는 남에게 쉽게 보이게 되는 것이다. 이렇게 냉정한 세계이기 때문에 우리가 더 의식적으로 깨어 있고, 모르는 부분에 대해 적극적으로 묻고 배우며 성장하는 것이 필수적이다.

우리는 좀 더 당당해져도 된다. 쭈뼛하면서 숨거나 움츠러들지 않아도 된다. 적극적으로 묻고, 지혜를 구하고, 또 당당하게 의견을 말하자.

Chapter 4

배운 것을
기록하라!

기록하지 않으면 사라져 버린다

기록이 만드는 삶의 지속성

앞서 살펴본 것처럼 적극적으로 남에게·멘토에게·스승에게 묻고 구하면서 얻은 정보와 지혜, 배움을 우리는 기록해 두어야 한다.

기록해 두지 않으면 그 배움이 잠깐만 빛을 발하고 모래성처럼 사라져 버린다.

이 책을 쓰게 된 여러 가지 동기 중 하나는 이 '기록의 힘' 그리고 가치에 있다. 어느 날 문득 그런 생각이 들었다. 사실 매일 매일 우리가 자다가 일어나서 새로운 하루를 맞이하고, 학교나 회사에 가서 일상을 살아간다는 것은 기적이다. 심장을 비롯한 우리 두뇌, 각종 장기들이 자기 위치에서 열심히 일을 하고 있고, 덕분에 우리는 감사한 일상을 살아갈 수 있는 것이다.

모든 하루가 기적과 같은 선물인데, 우리가 선물로 받은 하루를 살면서 우리는 많은 사람을 만나고, 함께 일하고 대화를 나누고, 사업이나 일을 진행하고, 나눔도 실천하고 맛있는 것을 먹고 기분이 좋아지기도 한다. 이런 하루하루에 대한 기록이 없다면 시간이 흐르면서 더 희미해질 기억만 남게 되는 것이다. 서글프지 않은가?

오늘 하루를 살면서 내가 느꼈던 기쁨과, 눈에 가득 담은 아름다운 창밖의 풍경, 그리고 천천히 음미했던 따뜻한 커피의 맛과 향, 회사에서 팀원과 협력해서 이뤄낸 값진 성과, 회사 워크숍에서 배웠던 팀워크에 대한 중요한 교훈 등… 이 모든 것이 그냥 기억 저편으로 가물가물 사라지게 되는 것이다. 그 기억마저도 사라져 버린다면, 한 사람의 치열하고 찬란했던 삶의 내용과 교훈이 아예 없어지는 것이다.

예전에 어디선가 보고 마음에 와닿아서 휴대폰 메모로 남겨둔 문구가 있다. 바로 '기록의 힘: 활자 속에서 영원을 얻다'이다. 글로 생각, 영감, 삶에 대한 기록을 남김으로써 우리는 그 글의 대상에 영원을 불어넣을 수 있는 것이다. 멋지지 않은가. 우리는 이 세상에서 언젠가 사라지겠지만, 글로써 우리 삶은 영원히 남을 수도 있다.

매일 간단하게나마 일기를 쓰면 가장 좋겠지만(뒷장에서 감사 일기에 대해 알아볼 것이다), 그렇게 하기 힘들다면 삶의 중요한 깨달음의 순간에 우리가 배웠던 교훈을 기록으로 남기면 좋겠다는 생각이 들었다.

내가 매일 느끼는 벅찬 감동, 기쁨, 신남, 성취감. 이 모든 것을 복사기로 스윽 복사해서 담아두는 방법이 있다면 좋겠지만 그렇게까진 할 수 없으니, 조금씩이라도 기록해서 나도 보고 남들과도 나눠야겠다고 생각했다. 내가 아주 어렸을 때의 에피소드와 배움의 순간에 대한 기억은 좀 더 최근의 배움의 기억과 비교했을 때 이미 희미해져서 더 늦기 전에 시작해야 하겠다고 생각했다. 그래서 내 지금까지의 삶에서 정말 중요했던 사건, 배움의 순간을 중심으로 어서 책을 내야겠다는 결론에 이른 것이다.

글로 써서 기록하는 것이 기본적이고, 책의 형태로도 남을 수 있으니 보존성에 있어서 가장 좋은 것 같다. 하지만 요즘에는 브이로그, 팟캐스트, 유튜브 등 다양한 멀티미디어 채널도 가능하니 여러 가지 방법으로 기록을 남겨보자. 우리가 옛 선조, 위인들의 글을 보며 많은 것을 배워온 것처럼 오늘날 우리가 경험하고 체득한 많은 배움을 기록으로 남기면 또 우리 다음 세대에게도 분명 도움이 될 것이라 믿는다.

내가 조금 더 철이 일찍 들어서, 기록에 대한 중요성을 더 일찍 파악해서 우리 친가와 외가 조부모님과의 추억 그리고 그분들이 내게 해주셨던 말씀을 글로, 사진으로, 동영상으로 더 많이 남겨두었으면 어땠을까, 생각한다. 내가 가장 부러운 유튜브 인플루언서 중 한 분이 바로 박막례 할머님과 그분의 손녀 김유라 님이다. 나도 우리 할머니나 외할머니와 행복했던 순간, 일상의 순간을 캡처해 둘 수 있었으면 얼마나 좋았을까, 생각한다.

요즘 트렌드 중 하나가 바로 자서전을 써서 남기는 것이라고 하는데, 나는 정말 좋은 방법이라고 생각한다. 모두의 인생에서 배울 점이 분명히 있고, 자서전 작업을 통해 지나온 삶에 감사할 수 있고, 또 다가올 남은 시간을 잘 계획할 기회가 된다고 생각한다. 그래서 나는 앞으로도 꾸준히 자기계발서, 기후변화나 기후재원과 관련된 경제경영서, 에세이 등 다양한 책을 꼭 집필하고 제작해 보고 싶다. 그럴 계획이다. 기록의 힘을, 그 위대함과 소중함을 알기 때문에.

성장에 필수적인 기록의 힘

기록으로 완성하는 성장 전략

이번 장에서는 좀 더 현실적인 기록의 중요성에 대해 말해보고 싶다.

국제기구에서 경력이 10년을 넘어가고 있는 나는, 매해 더 높은 직급 혹은 다른 직무로 영역을 넓혀가기 위한 새로운 포지션에 지원서를 넣고 시험을 보고 있다. '승진'이라는 개념이 따로 없는 국제기구에서는, 정규직 직원이 자신의 직급보다 높은 직급으로 이동하려면 내부, 외부 경쟁자들과 입사 때처럼 다시 똑같이 경쟁하고 시험을 봐야만 한다.

그래서 평소에도 꾸준히 직무 역량을 확장시키고 언제라도 새로운 포지션이 나왔을 때 지원서를 내고 시험 준비에 돌입할 수 있도록 준비 태세를 갖추고 있다.

UN과 국제기구마다 조금씩 절차나 시험의 형식이 다를 수는 있지만 공통적으로 보는 면접이 바로 '역량 면접(Competency-based Interview)'이다. 팀워크, 커뮤니케이션, 리더십, 문화적 다양성에 대한 존중 등 주요 역량과 관련한 후보자의 경험에 대해 심층적으로 묻기 위한 면접인데, 1차와 2차 서류 전형과 기술적인 필기시험 혹은 기본 면접을 이미 통과한 후보자들이 치르게 되는 면접이다.

이 역량 면접이 말로는 쉽게 들리지만, 사실 해당 역량에 대한 매우 구체적인 시나리오와 그 상황에서 후보자가 당시 취했던 행동(Action) 그리고 그 과정에서 배운 교훈(Learning)에 대한 부분이 술술 나올 수 있어야 한다. 이 역량 면접을 잘 치르기 위해 UN에서 가르치는 방법이 S-T-A-R 혹은 C-A-R이다.

S: Situation (당시 상황에 대한 간단한 설명)

T: Task (당시 맡은 업무·프로젝트)

A: Action (당시 취했던 행동 - 무엇을?)

R: Result (그 행동의 결과는?)

C: Context (간단한 배경·상황 설명)

A: Action (당시 취했던 행동 - 무엇을?)

R: Result (그 행동의 결과는?)

+ L: Learning (그 경험을 통해 후보자가 배운 점은?)

나는 개인적으로 C-A-R(Car 자동차로 기억하면 쉽다) 모델이 더 기억하기가 쉬워서 이 방법으로 역량 면접을 준비하는데, 기존 C-A-R에 L까지 더해서 C-A-R-L 모델로 각 역량에 대한 답변을 미리 준비하고 연습하려고 한다.

역량 면접 답변을 두 가지 모델 중 하나를 적용해서 어떻게 준비하는지 예시를 들어보겠다. 예시는 앞서 내가 나눴던 미국 석사 과정 시절 동기생들의 나에 대한 피드백을 어떻게 내 발전에 도움이 되는 방향으로 활용했는지에 관한 이야기이다. 답변은 이 책에서는 물론 한국어로 기술했지만, 국제기구 면접 중에는 영어로 풀어나가면 된다.

Q) 면접 질문 예:

Please describe a time you overcame a problem. What did you do, and what was the result?
(과거에 있던 어떤 문제에 대해 스스로 극복한 사례를 말해보세요. 어떤 행동을 취했고, 그 결과는 어땠나요?)

· **C: Context (간단한 배경·상황 설명)** 제가 미국에서 대학원에 다닐 때 그룹 프로젝트를 했는데, 학기가 끝나고 팀원들로부터 제가 학기 내내 소극적이었으며 의견을 적극적으로 내지 않았다는 피드백을 받았습니다. 제겐 매우 아픈 피드백이었

지만 사실 맞는 말이었습니다. 저의 더 큰 발전과 배움을 위해 저는 그 피드백을 계기로 달라지기로 결심했습니다.

·A: Action (당시 취했던 행동 – 무엇을?) 학교 수업 시간에 적극적으로 발언하고 생각을 나누는 문화나 환경에 익숙하지 않던 제가 달라지기 위해서는 파격적인 방법이 필요했습니다. 저는 다음과 같은 다소 파격적인 충격 테라피를 적용해 보기로 했습니다.

● 모든 클래스 리딩을 수업 전에 더 '의식적'으로, 비판적 사고를 하며 읽는다. 읽으면서 드는 생각이나 궁금한 점은 형광펜으로 표시를 해두고, 간단하게 메모해 둔다.
● 수업 시간에 질문하거나 발언할 타이밍이 오면 그냥 무조건 손을 든다. 머릿속에 생각이 정리되지 않았어도, 무슨 말을 할지 몰라도, 그냥 손부터 먼저 든다.
● 수업 토의 시간에 앞으로 내가 말할 것만 고민하지 말고, 다른 클래스메이트나 수업 참가자가 하는 말을 주의 깊게 듣는다. 그들이 뭔가 재미있는 점을 언급하면, 그에 이어지는 내 생각이나 추가 의견 혹은 반대 의견을 낼 수 있다.

·R: Result (그 행동의 결과는?) 결과는 놀라웠습니다. 클래스 리딩을 의식적으로 하게 되자 의문점이 생기기도 하고, 저만의 견

해를 가질 수 있게 됐습니다. 수업 중에 손을 들고 할 말이 제 머릿속에 정리되지 않은 상태였음에도 무조건 손을 드니, 발언권이 주어졌을 때 걱정했던 것과 달리 어떻게든 말이 나왔습니다. 그렇게 한 번씩, 두 번씩 수업 토론 시간에 손을 들고 발언을 하게 되니 금세 재미를 느끼고 자신감도 생겼습니다.

· +L: Learning (그 경험을 통해 후보자가 배운 점은?) 그렇게 하면서 저는 왜 수업 토론에 적극적으로 참여하라고 하는지 그에 대한 장점을 몸소 깨우치게 됐습니다. 적극적으로 참여했을 때 훨씬 더 얻어가는 부분이 많았습니다. 재미도 있었고, 즐거우니 미국 유학 생활 전반에 활력도 생기고 제가 성장하는 모습을 저 스스로 볼 수 있었습니다. 또 제가 배운 점은 타인이 제게 주는 피드백을 두려워할 이유가 없고, 피드백을 통해 우리가 더 크게 성장할 수 있다는 것이었습니다. 피드백을 '싫은 소리'라고 피해 다니는 것이 아니라 오히려 그것을 반기고, 남이 시간을 내서 제게 피드백을 제공하는 것에 대해 감사하는 마음을 가지게 됐습니다.

이 역량 면접을 한때 임기응변으로 보려고 했던 적이 있다. 나는 넉살은 좋은 편이니까 역량 면접은 준비 없이 봐도, 넉살로 잘 볼 수 있지 않을까, 하고 생각했다. 왜냐하면 1, 2차 면접과 필기시험이 좀 더 어려운 부분이라고 생각해 주로 3, 4차 혹은 그 이후에나 치르는 역량 면접에서는 자연스럽게 힘을 덜 주는 부분이 있었다. 그리고 역량 면접 질문을 받았을 때 그냥 어떻게든 하면 되겠지, 하고 안일하게 생각했었다. 그런데 그건 오산이었다.

일단 각 역량과 관련된 흥미롭고 깊은 배움과 성장의 순간이 언제였는지를 꽤 오래 고찰해서, 그에 대한 기억이 떠오르면 위 C-A-R-L 뼈대를 활용해 간단하게 답변을 적어본다. 답변을 적는 과정에서도 헷갈리는 부분이 있고, 확신이 없다. 그래서 답변을 간단하게 작성해 두고 그 후로도 계속 써둔 부분을 확인하고 실제 면접에서 하는 것처럼 리허설도 여러 번 해두어야 한다. 이 일을 하는 데 시간이 소요된다.

평소에도 이 부분에 시간을 써서 준비해 두지 않으면 제대로 된 답변, 면접관들이 높이 살만한 답변을 하기가 실질적으로 어렵다. 내가 겪어보니 그렇더라.

이런 부분은 단순히 임기응변으로는 안 된다. 미리 기록해 두고, 들여다보고, 수정도 해보고, 연습에 연습을 거쳐야 한다. 경쟁률이 매우 높고 절차가 매우 길거나 복잡한 국제기구 채용 특성상, 쇼트리스트된 후보자들만 역량 면접까지 간다고 해도 면접관들은 꽤 지쳐 있는 상태이다. 그래서 감사하게 내 차례가 와서 역량 면접을 치른다 해도, 나는 지원자·후보자로서 기운도 쌩쌩하고 하고 싶은 말이 많을 수 있지만 면접관들은 지칠 대로 지쳐 있을 수가 있다. 후보자 한 사람에게 주로 45분 길면 1시간까지 주어지는 역량 면접을 생각해 보면, 면접관들이 얼마나 지쳐 있을지 – 틀에 박힌 똑같은 질문과 답변이 그들을 얼마나 기운 빠지게 할 수 있을지 – 이해가 갈 것이다.

그래서 우리는 답변을 최대한 간결하면서도 질문 전체의 내용, 핵심을 꿰뚫는 내용으로 먼저 써보고, 정리된 내용을 실전처럼 에너지를 끌어올려서 준비해야 한다. 에너지가 고양되어 있지 않으면 면접 분위기가 더 처질 수 있다. 면접관들도 우리와 똑같은 사람이라, 매번 반복되는 임팩트 없는 인터뷰 내용에 집중을 못 하고 지루하다고 생각한다. 이런 것을 잘 생각하면서 역량 면접을 비롯한 모든 면접을 준비하면 도움이 될 것이다.

국제기구 혹은 회사에서 평소에 맡은 일을 열심히 하면서 바쁘게 지내다가도 분기별로 혹은 최소 1년에 한 번씩이라도 본인이 어떤 업무적 성과를 팀워크, 리더십, 커뮤니케이션과 같은 역량을 발휘하여 이뤄냈는지 돌아보자. 간단하게라도 그 성과 혹은 실패였다면 그때의 배움에 대해 적어보자. 성과와 관련된 수치나 데이터, 통계를 이용하는 것도 좋은 방법이다. 나에게도 이건 사실 어려운 부분이다. 그런데 계속 시험을 보면서 깨달았다. 평소에, 우리의 일상의 삶에서 매일 충분한 준비와 연습이 필요하다고.

이처럼 기록은 우리의 커리어적 성장에도 필수적이다. 기록하지 않으면 사라져 버린다. 그래서 이 부분을 내가 외교부에서 국제기구초급전문가(JPO) 오리엔테이션에 멘토로 초청받아 강연을 하게 되었을 때, JPO 합격자들에게도 강조했다. JPO란 정부의 경비 부담하에 선발된 대한민국 청년 인재를 유엔과 국제기구에 파견하여 국제기구 정규직원과 동등한 조건으로 2-3년간 근무하도록 지원하는 제도이다. JPO 제도와 시험에 대해서는 이후 보다 자세히 이야기해 보려고 한다.

Chapter 5

나누고 공유하라!

내가 남에게 열심히 물었다면, 이제 내가 나눌 차례다

나눌수록 기회는 커진다

앞 장에서 배운 것처럼 멘토에게, 어떤 한 분야의 권위자에게 피드백과 조언을 열심히 구했다면, 이제 우리가 배운 것을 나누고 공유할 차례이다. 우리가 각자의 위치에서 나누고 공유할 수 있는 것들을 그 정보가 필요하고 또 그것을 열렬히 구하는 다른 이들에게 '나누면서' 우리는 한 뼘 더 성장한다.

사실 나도 이 부분에 신경을 쓰기 시작한 지는 그리 오래되지 않았다. 언제나 나의 더 높은 목표와 꿈을 향해 전력 질주해 왔던 나는 내 건강과 멘탈을 챙기면서 질주만 하기에도 시간과 에너지가 턱없이 부족하다고 생각했다. 실제로 제대로 된 쉼 없이 전력 질주만 하다가 몸에 탈이 나서 강제로 쉬어야만 하는 시간도 더러 있었다.

그런데 우리만의 성장 노하우와 팁을 다른 이들과 나누고 공유하는 일이 꼭 거창하지 않아도 된다. 작은 것부터, 자신이 있는 그 자리에서 간단하게 시작하면 된다.

간단하게 시작했던 내 방법으로는 일단 링크드인(LinkedIn) 등 소셜 미디어 채널을 통해, 회사 대표 이메일 등을 통해 내게 연락을 취해온 분들의 요청에, 내가 여력이 되는 한 성심껏 답변을 해드리는 것이다.

나도 10대, 20대 당시 사회생활이 너무 막막하던 때 만난 적도 없는 방송국 관계자나 내가 읽은 책의 저자분께 지푸라기라도 잡는 심정으로 이메일을 보낸 적이 있었다. 그래서 역지사지의 마음으로, 또 남에게 의미 있는 도움이 되었으면 하는 마음으로 도울 수 있는 부분을 돕는 것이다. 내가 국제기구에서 일하다 보니 한국계 기업이나 기관에 도움이 될 만한 국제 기후 재원이나 지속 가능한 발전 관련 내용이 있으면, 강사로 초청받아 강연을 해드리기도 하고, 우리 기관 담당자와 타 기관을 연결해 드리는 등의 나눔을 실천하고 있다.

이 책을 쓰게 된 동기도 내가 직접 경험한 배움을 기록으로 남기고 싶은 소망과, 또 내가 배우게 된 것들을 다른 이와 함께 나누고 싶은 마음이 컸다.

누군가와 배움을 나눈다는 것이 일종의 가르치는 행위라고 생각한다. 여기서 내가 말하는 '가르친다'는 것은 이런 뜻이다. 예를 들어, 흔히 우리가 무언가를 학습하고 공부하는 과정에서 우리의 숙련도를 가장 잘 가늠해 볼 수 있는 척도 중 하나가 다른 사람을 가르쳐

보는 것이라고 하지 않는가. 다른 이를 가르칠 수 있을 정도가 되면 특정한 내용을 마스터했다고도 볼 수 있는데, 그렇게 누군가를 가르치는 과정에서 자기 자신도 얻게 되는 부분이 훨씬 크다고 한다. 나누면서 자기 능력 또한 배가 되는 것이다.

그러니 더 많이 나누고 공유하자. 서로의 꿈을 응원하고 그에 도움이 되는 가치 있는 일에 참여해 보자. 그렇게 나눔의 씨앗을 뿌렸을 때, 그 씨앗이 우리에게 보이지 않는 곳에서 30배, 60배, 100배 결과와 성과를 낼 수도 있다고 생각한다.

내가 즐겨 읽는 작가 사이토 히토리님의 저서《1퍼센트 부자의 법칙》에서도, 내가 알고 있는 지혜를 남과 나누는 것을 적극 권한다. 깨달은 것을 혼자만 알지 말고 다른 사람에게도 나누어주면, 새로운 지혜가 나에게 보답으로 되돌아온다는 것이다.*

예를 들어 물건 천만 원어치를 실제로 팔아봤고 팔 줄 아는 사람에게 이 지혜는 더 이상 '필요 없는' 지혜라고 히토리 저자는 말한다. 그래서 그 지혜를 나눠 줘도 손해가 아니며, 그 방법을 몰랐던 사람이 그것을 배운다면 그 사람에게 큰 기쁨을 주고 이익을 줄 수 있는 지혜가 되는 것이다.

또 신기한 것은 그렇게 다른 사람을 가르치고 나면, 지혜를 나눠준 사람에게 '천만 원의 이익이 더 생긴다'고 한다. 쓰임이 다한 지

---

* 사이토 히토리,《1퍼센트 부자의 법칙: 반드시 성공하는 일천 번의 법칙》, 나비스쿨, 2018.

혜에 대한 보답이 돌아오는 것이라고 하는데, 히토리 저자의 이에 대한 설명이 흥미롭다. 우주는 언제나 균형이 잡힌 상태로 유지되려는 경향이 있는데, 그러한 나눔에 대한 보답이 없다면 그 균형이 깨지기 때문이라고 한다. 흥미롭지 않은가!

우리는 종종 무언가에 대한 비법을 혼자만 알고 간직해서 혼자만 앞서겠다는 생각을 은연중에 하게 된다. 하지만 히토리 저자는 그러한 사고방식으로는 자신의 현재 수준에서 벗어나기 힘들다고 말한다. 그는 권장한다. 지금보다 높은 수준에 다다르고 싶다면, 아는 것을 주변에 적극적으로 나눠주라고 말이다.

이에 대해 나도 내 방식대로 해석을 해보았다. 실제로 어떤 지혜와 노하우를 남들과 적극적으로 나누는 분들이 계신데, 그렇게 나누는 과정에서 그분들 자신의 이야기가 더 정리될 뿐만 아니라 노하우가 더 견고하고 아름답게 완성되는 단계를 거치게 되는 것처럼 보였다. 게다가 노하우를 나누는 과정에서 그에 대한 자신감도 생길 것이다. 한편으론 그 노하우로 인해 삶의 질이 향상되는 경험을 한 다른 이의 모습을 보며 기쁘고 흐뭇한 마음도 들 것이다. 또 책 집필이나 강연 활동, 소셜 미디어 등을 통해 적극적인 나눔 활동을 하면, 새로운 기회의 문이 열리고 인맥을 형성할 수 있고 그를 통해 이 '지혜 나눔자'는 새로운 배움을 경험하게 되고 더 성장할 것이다.

내가 요즘 많은 배움을 얻고 있는 분들이 있는데 바로 각종 분야에서 활발하게 활동하시는 소셜 미디어 인플루언서분들과 강연가 분들이다. 남들을 부자로 만들어 주고 그리고 실제로 본인 또한 부자이신 부자언니 유수진 재테크 멘토, 역시나 부와 사업 성장 관련 노하우 나눔에 진심이신 켈리 최 회장님, 말씀을 정말 재미있게, 귀에 쏙쏙 들어오게 잘하시는 김미경 강사님 등 정말 많은 분이 각자의 위치와 자리에서 나눔을 실천하고 계신다. 남들과 어떻게 더 잘 나눌까를 항상 고민하시고 때로 그분들 자신의 성장과 도전 과정을 예쁘게 포장하거나 하는 것 없이 있는 그대로 보여주고 나누는 모습에 큰 감명을 받는다. 나도 나만의 방식으로 그러한 나눔을 실천하려고 노력하는 중이다.

자, 내 나눔의 일환으로 나는 이런 결론을 내렸다. 내가 지금까지 살면서 학교에서, 미국 유학 중에, UN 진출을 준비하며, UN에 입성해서는 승진과 새로운 도전을 위해 치른 시험만 수백 개가 넘는다. 그리고 그러한 크고 중요한 시험에서 감사하게도 좋은 결과를 냈고, 그 결과 정말 좋은 기회를 얻을 수 있었다.

우리 엄마 말씀으로는 내가 '시험운'이 있다고 하시는데, 운도 운이지만 무수한 시간을 공부와 준비에 쏟으며 울고 웃으며 얻게 된 감사한 결과라고 말씀드리고 싶다. 어쨌든 이러한 시험을 보고 원하는 결과를 냈던 것도 나에게 귀중한 경험이고, 이것이 다른 분들에게 도움이 될 수 있다는 생각이 들어 시험 준비 노하우를 이 책을 통해 나누고자 한다.

그런 의미로, 앞 장에서 언급하지는 않았지만 내 인생에서 중요했던 몇 가지 시험을 어떻게 준비했는지를 다음 장에 정리했다. 많은 분에게 도움이 되기를 바란다. 이 책을 통해 글로 내 경험과 노하우를 먼저 공유하고, 이 책이 기회가 되어 실제 강연이나 토크쇼 등에 출연하여 말로도 나눔을 하는 것이 내 다음 목표이다.

좌충우돌
미국 고등학교 적응기

맨땅에 헤딩, 미국 고등학교 적응하기

미국에 아무 연고도 없던 나는 한국에서 중학교를 졸업하자마자 순전히 내 고집으로 혈혈단신 미국 유학을 결정했다. 나는 투 트랙으로 공부를 해야 했다. 미국 오리건주에서 시작한 고등학교 생활과 학습에 적응하는 것과 동시에, 외계어 같은 영어 지문으로 이뤄진 SAT 시험*을 내가 아는 최선의 방법으로 준비해야 했다. 모든 것을 맨땅에 헤딩하듯이 준비해야 했던 내게 시간은 언제나 촉박했다. 그래서 다른 무엇보다 시간을 황금같이 여기는 습관이 어렸을 때부터 생겼다.

더군다나 그때 다니던 미국 사립고등학교는 학생들의 자립을 위한 직업적 훈련도 시켰는데, 학교 카페테리아나 농장 또는 목판 공장 등에서 매일 몇 시간 동안 일을 해야 했다. 만 14세에 생전 처음

노동이란 것을 접한 나는 그때 깨달았다. 와, 식당에서 그냥 몇 시간 서서 일하는 것도 이렇게 다리가 후들거리는 거였구나. 매끼 식사를 위한 요리를 해야 했고, 또 그때마다 쏟아지는 설거지 양이 어마어마했는데, 그럴 때마다 하루 세끼 먹는 것 자체에 대해 회의가 들었다. 먹고 사는 게 이렇게 힘들 일인가? 그땐 정말 그랬다.

그리고 이러한 노작 아르바이트도 수업 커리큘럼에 포함되어 각자의 일터에서 점수를 받았다. 즉, 학교 안 일터에서 A를 받지 못하면 전 과목 A 성적을 받을 수 없는 것이었다. 처음에 이 노동에 대해 접했을 때, 나는 학교 카페테리아에서 요리를 보조하거나 설거지를 하지 않는 '남는 시간'에는 의자에 잠시 걸터앉거나 숨을 돌려도 되겠지, 라고 생각했다. 그런데 그러한 행위는 당시 일터 감독관이자 카페테리아 셰프였던 선생님 말씀으로는, 결코 A를 받을 수 없는 행위였다. 일이 있든 없든 언제나 서서 무엇이든 할 준비가 되어 있는 일꾼, 그것이 그분이 말씀하시는 A를 받을 수 있는 인재상이었다. 이 모든 것이 새롭고 낯설고 무섭기도 했다.

---

* SAT(Scholastic Aptitude Test)는 미국 대학위원회인 The College Board와 ETS(Educational Test Service)가 공동으로 주관하는 시험으로, 미국 대학교의 입학 희망자를 대상으로 하는 대입 평가 고시이다. 유학네트 웹진 즐넷에서 SAT에 대해 정리한 내용을 보면 다음과 같다: 비판적 독해(Critical Reading), 작문(Writing), 수학(Mathematics)으로 평가 영역을 구분해 사고력과 문제해결능력을 측정한다. 논리와 추리력 등을 주로 다룬다. 어휘 수준은 대학 강의 수준이며 단순히 영어를 아는 것보다 문장 속 숨은 의미를 파악할 수 있어야 한다.

그래서 최근에 내가 존경하는 정승제 선생님의 인스타그램 게시물을 보고 정말 공감했다. 선생님께서 군대에 가셨을 때, 어느 추운 겨울 새벽에 보초를 서면서 내리셨던 결론은 이것이었다. 아, 정말 세상에서 제일 쉬운 것은 공부구나.

나도 어린 십 대에 미국에 유학 가서 고된 적응기를 거치면서 일찌감치 깨달았다. 정말 공부가 제일 쉽구나. 그냥 단순히 내가 웃어넘겼던 그때 그 시절 유명했던 한 책 제목이 아니었어. 원하는 만큼 공부를 할 수 있는 그 자체가 감사할 일이구나.

이런 깨달음이 매일 있으니, 고되어도 공부를 하게 되었다. 또 공부 외에는 그다지 의미 있는 일도 없는 것 같았다. 당시 내 현지인 고등학교 친구들은 이성 친구를 사귀는 일에 정말 진심이었고, 노는 것을 즐겼는데, 나는 아직 우리 나이가 어린데 그것에만 정신을 쏟기에는 그때의 어리고 젊은 시간이 아깝다는 생각이 들었다.

미국 유학 초창기에는 일단 미국 고등학교 생활에 적응하는 것이 우선이었기 때문에 거기에 집중했다. 하지만 고등학교 생활에 적응하는 것과 미국 대입 시험 SAT 준비는 별개의 문제였다. 고등학교에서 성적이 잘 나온다고, SAT 모의시험을 봤을 때 성적이 잘 나오는 것이 아니었다. 그래서 미국 고등학교 주니어(Junior)가 되었을 때부터는 더 본격적으로 SAT 시험을 준비하기 시작했다.

내가 다녔던 오리건주의 기독교 사립고등학교는 학습적인 것에 크게 중점을 두는 학교가 아니었다. 학교생활을 하면서 이 점이 눈에 띄게 보였다. SAT 시험을 준비하는 데 있어서 뭔가 시험 준비를 돕거나 함께 공부하는 그러한 수업 시간도 없었고, 그 시험 자체에 관심을 두는 학생도 없었다. 그런데 재미있는 것은 그런 면학 분위기가 없다 보니 더 절박함이 느껴져 나 스스로 더 치열하게 공부하게 됐다는 점이다.

그래서 원했든 원하지 않았든 나는 홀로 SAT 시험을 준비할 수밖에 없었다. 당시 고등학교에는 저녁 식사 후에 학교 강당에서 레크리에이션 시간이 있었는데, 그 시간에는 자유롭게 학생들이 배구나 농구를 하면서 뛰어놀았다. 그들의 행복에 가득 찬 모습이 부럽다는 생각도 들었지만, 나는 그 레크리에이션 시간에 참석해 본 적이 없었다. 사실 이에 대해 크게 불편하다고 생각해 본 적은 없는데, 다른 학생들이 이런 나를 보며 참 이상한 애라고 했다는 이야기를 전해 들었다. 그때야 내가 이러는 것이 그들 눈에는 이상하게 보일 수 있겠구나, 하는 생각이 들었다.

미국 고등학교 생활에 어느 정도 적응이 되었을 때 나는 조금씩 영어 원서를 이해하고 끝까지 읽을 수 있는 내 능력을 향상시키는 데 집중했다. 이때도 내가 앞서 제시한 '스몰 스텝' 전략이 많은 도움이 됐다. 미국 현지 학생들은 태어날 때부터 썼던 영어인데, 나는 한국에서 딱 중학교 영어 교과서만큼만 구사할 수 있는 영어 실력으로 왔으니 내 앞에 놓인 산이 너무 거대해 보였다. 하지만 '태산이 높다 하되 하늘 아래 뫼이로다'라고 했다. 또 거대한 코끼리를 먹는 방법은 바로 '한 번에 한 입씩'이라고 했다. 그래서 나는 아주 작은 것부터, 내가 할 수 있는 것부터 했다.

당시 미국 친구로부터 얇디얇은 기독교 서적 원서를 선물로 받은 적이 있었는데, 그 책을 처음부터 끝까지 읽는 것을 시작으로 조금씩 영어 원서를 읽고 이해하는 힘을 길렀다. 한 권씩 천천히 그러나 꾸준히 읽어나가면서 성취감도 느꼈고, 재미도 있었다. 책을 읽기 전에는 몰랐던 내용이나 언어적인 부분도 사전을 찾아보지 않아도 그냥 책을 읽어나가면서 스스로 깨우치게 되는 경우가 많았다. 쓰인 영어에 대한 감각을 키워나갔고, 그렇게 조금씩 점점 더 긴 영어 지문을 읽어나가기 시작했다. SAT 시험을 준비하는, 큰 틀에서 봤을 때의 기초 작업을 하기 시작했던 것이다.

미국 고등학교에서 모든 과목에서 A를 받는 것은 비교적 수월했다. 물론 땀 흘려 노력해서 얻은 결과였고 기뻤다. 한 금발 머리 미국 학생이 나와 같은 영어 수업을 들었는데, 그 친구가 놀라움에 차서 한 말이 있다. "나는 태어날 때부터 영어만 썼는데, 연지가 영어 수업에서 A를 받았고, 나는 그렇지 못했다." 하지만 그 친구에게 진심으로 말해주고 싶었다. 너는 조금만 노력하면 쉽게 A를 받을 거야. 그리고 그거 알아? 너 놀 때, 나는 영어 수업 2분 스피치 과제를 위해 내가 하고 싶은 말을 적고, 자연스러운지 다른 친구에게 검수받은 것을 외우고, 연습하고 또 연습해서 A를 받았어.

열심히 노력한 결과이긴 했지만, 내가 경험한 바로는 학생이 '열심히 노력하고 성의를 보이는 만큼' 미국 고등학교 성적은 잘 나올 수 있는 것 같았다. 대신 미국 고등학교 내신이 상대적으로 쉬운 만큼, 미국 대학교 과정은 아주 급격하게 난이도가 심화됐다.

미국 대입 시험 SAT 정복기

낙숫물이 바위를 뚫는다

미국 유학을 떠나기 전에 홍정욱 저자의 책 《7막 7장 그리고 그 후》를 읽었다. 그 당시에 몇 없던 미국 유학 적응기에 관한 책이었는데 뇌리에 강하게 남은 내용이 하나 있었다. 바로 저자가 처음 미국 유학을 떠나서 소화제 등 약을 달고 살았다는 이야기였다. 입에 맞지도 않는 미국 음식을 먹고 나선 소화제를 털어 넣고 공부하고 미국 학생들과 경쟁했다고 한다. 그 책을 읽으면서 간접적으로 '아, 유학생으로서의 삶이 참 고될 수 있겠다.' 하는 느낌을 받았다.

모든 것이 낯선 미국에서 고도의 집중력과 적응력을 발휘해서 이내 미국 고등학교 내신 성적을 전부 A를 받게 되었지만, 아직도 미국 대입 시험인 SAT 점수 면에서는 갈 길이 멀었다. 고등학교 성적이 잘 나오는 것과 SAT 고득점을 받는 것은 연관성이 있을 수는 있지만 별개의 문제였다. SAT 고득점을 위해서는 긴 시간의 맞춤 연습과 공부, 트레이닝이 요구됐다.

자, 나에겐 그때 시험까지 약 1년 정도의 시간만이 남아 있었다. SAT 시험을 마지막으로 보기 전까지 1년 미만의 시간이 남아서, 나는 미국 고등학교 생활을 하면서 동시에 나만의 SAT 시험 준비에 전력을 다하기로 마음먹었다. 내가 이 1년 동안 시험을 준비했던 방법은 다음과 같다.

·SAT 시험에 필요한 어휘력 향상을 위해서 《Word Smart》라는 책을 끼고 살았다. 이 책이 좋았던 점은 정말 어려운 SAT 시험에 필요한 단어를 하나하나 소개하면서, 재미있는 그림으로 그 단어를 설명한 것이다. 코믹한 그림과 함께 단어가 기억에 더 오래 남았다. 유쾌한 그림을 보면서 시험에 대한 압박감을 조금이나마 줄이고 즐거운 마음으로 공부에 임하고자 했다.

·미국에서 학교에 다니면서 원래도 '노는' 시간이 거의 없었지만, 시험에 가까울수록 나는 봄방학, 크리스마스, 겨울방학 등 놀지 않는 게 더 어려운 시간에도 SAT 책을 계속 들여다보고 매일 조금이라도 공부했다. 한국에서 동생이 나를 보러 2주 정도 미국에 온 적이 있는데, 그때도 동생에게 양해를 구하고 크리스마스 당일에도 공부를 계속했다. 절박함 때문에 책을

들여다보지 않을 수 없었다.

· SAT 시험을 준비하면서 알게 된 논리적 사고 테크닉을 계속 연습했다. 예를 들어, 4개의 문항이 있는 질문의 경우, 내가 처음 문제를 봤을 때 전혀 감이 오지 않는 질문이라면, 문항 중에 답이 아닌 것을 (혹은 아닐 수밖에 없는 것을) 하나씩 제거해 나가면서 답을 찾는 방법이다. 이 방법을 쓰면, 마지막에 남는 문항이 그래도 답이 아닌 것 같은 느낌이 들 수는 있는데, 하나씩 답이 아닐 수밖에 없는 문항들을 지워가는 과정을 제대로 거쳤다고 가정했을 때 그 승률이 높았다. 한국에서 학교를 다니면서는 시도해 보지 않았던 방법인데 이게 SAT 시험을 볼 때 꽤 도움이 됐다. 이렇게 문제에 논리적으로 접근하는 방법, 다양한 각도에서 바라보는 연습이 많은 도움이 됐다. SAT가 단순한 지식을 평가하는 시험이 아니라 학생의 논리적 사고 능력, 발전 가능성을 테스트하기 위한 시험이기 때문에 그렇다.

· SAT도 결국 시간 싸움이라, 연습에 연습을 거듭하고 매번 실전처럼 시간을 맞춰놓고 문제를 풀었다. 당시 SAT 시험 문제를 발행하는 기관에서 만든 SAT 출제 문제 책자와 SAT 문제를 모은 CD를 구매했는데, 특히 이 CD를 마르고 닳도록 돌리면서 문제를 풀고 또 풀었다. 매일같이 나는 이 SAT 문제집

CD와 함께였다. 타이머를 세팅하고 문제를 풀고 또 풀다 보니 조금씩 노하우가 생겼다.

·SAT 시험 준비를 조금 더 일찍 시작할 수 있는 여유가 있는 분들이라면 반가운 소식이다! 시간적 여유가 된다면, 모의시험뿐만 아니라 진짜 SAT 시험을 더 자주 보는 것을 권장한다. 물론 실제 시험을 한 번씩 치를 때마다 비용을 지불해야 하지만, 그럴만한 가치가 있다고 생각한다. SAT는 여러 번 시험을 봐도 가장 높은 점수를 인정해 주기 때문에, 어느 정도 시험에 대한 준비가 되었다고 느낄 때 실제 시험을 몇 번 치르는 것도 좋다고 생각한다. 내가 예전에 서울에서 딱 한 달간 SAT 학원에서 공부할 때 영어 파트를 가르쳐 주시던 선생님께서, 선생님도 실제로 SAT 시험을 보신다고 했다. 그분은 만점을 받는 것이 게임을 하는 것처럼 쉽다고 하셨는데 그때 그분이 정말 멋지다는 생각이 들었다. SAT 시험을 정기적으로 꾸준히 보고 만점을 받으며 최신 시험 유형이나 트렌드를 직접 확인하시는 치밀함이라니! SAT를 가르치시는 선생님께서도 시험을 주기적으로 보시는데 미국 대학 입학을 위해 정말 SAT 시험 점수가 필요하다면 여러 번 보면서 최고의 컨디션과 분위기에서 내 최고의 점수를 낼 수 있도록 하는 것도 좋지 않을까.

이렇게 했던 노력이 하루하루 쌓이고 쌓여서 내가 고등학교 졸업 전 마지막으로 치를 수 있었던 SAT 시험에서, 나는 영어와 수학 각각 800점 만점으로 총 1,600점 만점이었던 SAT 시험에서 1,400점 이상의 내 최고 점수를 달성했다. 1,400점을 실질적 커트라인으로 생각했었던 이유는 내가 목표로 했던 미국 대학교에 지원하는 데 필요했던 점수가 1,400점 이상이라는 말을 어디선가 들었기 때문이다. 내가 SAT 시험을 봤을 때가 2003년 10월이었는데, 그때와 지금이 큰 차이가 있을까 해서 찾아봤더니 2024년 11월 말에 작성된 SAT 점수 레인지 관련 글에 이렇게 표기되어 있었다.

> *With a 1400, you've reached the 93rd percentile of all test-takers. This means you've outperformed about 93% of students who took the SAT – a significant accomplishment that catches the attention of admissions officers.*
>
> *A 1400 is a solid score that are many students' end goals, and it is also considered a milestone score for many outstanding colleges.*

SAT 점수 1,400점은 SAT를 본 전체 학생 중 약 93%를 능가했다는 의미로, 입학 사정관들의 주목을 받는 중요한 성과라고 볼 수 있습니다. SAT 1,400점은 많은 학생의 최종 목표이자, 많은 우수한 대학에서 중요한 이정표로 간주되는 견고한 점수입니다.*

매일 SAT 시험 문제 CD를 들어가며 실전처럼 연습하고 SAT 단어 책을 끼고 살고 그렇게 공부했더니, 확실히 시험장에서 최고의 기량으로 시험을 볼 수 있었다. 시험장에서 문제가 아주 잘 풀려서 나는 솔직히 내 점수가 1,500점대로 나올 수도 있겠다고 생각했다. 시험을 보면서도 뭔가 뿌듯하고 잘하고 있다는 느낌이 들었기 때문이다. 하지만 1,400점대 점수도 내가 이전 미국 고등학교에서 학업과 고된 아르바이트, 노작을 병행하면서 짬짬이 공부하고 연습해서 이뤄낸 값진 결과였다. 내가 최선에 최선을 다해서 일궈낸 점수라는 걸 알기에 정말 만족했고 행복했다.

SAT 시험 결과가 나오고 당시 포틀랜드시 고등학교 교장 선생님께서 졸업반 학생들을 위한 학교의 행사에서, 한국에서 온 내가 그 학교에서 최고 SAT 점수를 받았다고 발표하시며 매우 자랑스러워하셨다. 예정에 없던 교장 선생님의 깜짝 발표였는데 그 순간 행사장 안에 적막이 흘렀다. 졸업반 학생들 전부가 무대 위 의자에 앉아 있었고, 그 친구들 부모님과 형제·자매들이 함께 모인 자리였는데, 교장 선생님의 발표가 있고 나서 수많은 눈동자가 일제히 나에게 향하는 것을 느꼈다. 그때, 마치 따뜻한 하이라이트 조명이 내 머리 위를 비추는 듯한 느낌이 들었고 얼굴에서 미소가 절로 나왔다. 누군가 그때 내게 "행복하니?"라고 물었다면, "응 행복해."라고 망설임 없이 대

---

* Test Ninjas, 'How Good is a 1400 on the SAT?' 〈https://test-ninjas.com/how-good-is-1400-on-the-sat〉

답했을 것이다.

우리 외할머니 표현을 빌리자면 '노랭머리 미국인' 학생들을 제치고 내가 훨씬 더 높은 점수를 받은 것이었다. 누구보다 치열하게 시험공부를 했던 나에게 값진 결과였다. 지금도 그때 생각을 하면 눈물이 난다. 그리고 이때 한 노력과 쌓은 노하우가 훗날 미국에서 대학원에 가는 데 필요한 GRE 시험을 볼 때도 유용하게 도움이 됐다. 사실 SAT 시험을 준비하면서 혼자 정말 어렵게 공부해서 에너지를 너무 많이 썼는지, GRE를 준비할 때는 SAT 때와 같은 의욕은 나지 않았다. 그런데 그때 열심히 해두었던 것이 GRE 시험을 준비하고 치를 때도 도움이 됐고, 그래서 다행이었다.

나는 내 SAT 점수와 고등학교 생활기록부 및 성적으로 미국 캘리포니아 명문 주립대인 UCLA에 합격했다. 또 훗날 GRE 시험도 잘 봐서, 미국에서 대학 졸업 후 미국의 듀크대학교 공공정책대학원에 당당히 합격했다.

국제기구초급전문가(JPO)
시험 정복기

JPO, 국제기구 진출의 첫 관문

내 삶에서 특히 어려웠고 특별했던 시험 세 개를 순서대로 꼽아 보면, 이 국제기구초급전문가(Junior Professional Officer; 이하 JPO) 시험이 들어간다. JPO란 정부의 경비 부담 하에 선발된 한국 청년 인재를 유엔과 국제기구에 파견하여 국제기구 정규직원과 동등한 조건으로 2~3년간 근무하도록 지원하는 제도이다. 우리 외교부는 1996년부터 2024년 시험 합격 인원까지 포함하여 지금까지 총 314명의 JPO를 국제기구에 파견했다고 한다.* 오랫동안 2년이었던 JPO

---

* 외교부, 〈우리 청년 인재들의 국제기구 진출 첫걸음 지원〉, 2025년 1월 10일, 〈https://www.mofa.go.kr/brd/m_4080/view.do?seq=375798&page=1&pitem=10〉

지원 기간은 최근 3년까지 연장할 수 있도록 제도가 더 향상됐다고 한다.

UN·국제기구 진입이 사회 초년생에게는 매우 막막하고 현실적으로 장벽이 높아 어렵다. 그래서 JPO 같은 제도가 국제기구 진출을 희망하는 청년들에게 특히 귀하고, 귀하니만큼 경쟁률도 매우 높다.

당시에는 이 JPO 시험 자체에 대한 정보가 별로 없었고(아니면 내가 그 정보를 못 찾았던 것일 수도 있다), 좋은 제도이다 보니 그 경쟁률이 매우 높았다. 내가 이 시험을 알게 되고 준비하기 시작했을 즈음에는, JPO 시험 합격자가 고작 5명, 많아야 10명이었다.

다음은 JPO 시험을 준비할 때 내가 쓴 방법이다. 이렇게 했을 때 결과가 좋았기 때문에 아마 다른 사람들에게도 유용한 팁이 될 거라고 생각한다. 내가 JPO 시험을 볼 때만 해도 우리나라 외교부에서 시험을 주관했는데, 2015년 이후로 외교부가 직접 시험을 시행하는 것이 아니라 JPO를 뽑고자 하는 UN·국제기구가 직접 시험과 면접을 시행하는 방식으로 바뀌었다. 시험 시행 기관은 바뀌었지만 시험 절차나 준비하는 방법에는 큰 차이가 없어, 아래 소개하는 내용이 JPO나 다른 국제기구 진출 루트 등으로 국제기구 취업을 준비하는 분들께 도움이 될 거라 생각한다.

· 내가 시험을 봤을 때는 JPO 서류 전형 1차로 TEPS 시험 고득점이 요구되었다. TEPS 시험은 시험 자체가 어렵다기보다는 짧은 시간 내에 장문을 읽고 문제를 잘 풀어야 해서 페이스 조

절과 테크닉이 특히 중요했다. 아무리 영어를 잘하고, 매일 영어를 쓰면서 살았던 사람도, TEPS에서 고득점을 하려면 어느 정도 시험에서의 페이스 조절, 시간 분배를 충분히 연습해야 원하는 만큼의 고득점이 가능했다. 그래서 JPO 시험을 준비하겠다고 마음먹고는, 해커스 TEPS 교제를 가지고 진득하게 공부했다. 실제 시험을 보는 것처럼 시계로 시간을 맞추어 두고 문제를 풀었다. JPO 시험에서의 1차 관문이 TEPS였기 때문에 무조건 900점 이상 최대로 높은 점수를 득점해야 안전했다. 당시 TEPS는 990점 만점이었는데, JPO 시험을 보는 사람들이 모두 너무 쟁쟁하기 때문에 930점은 넘어야 안전하다고 들어서, 그렇게 준비했다.

· JPO 영어 필기시험은 국제개발, 기후변화, 국제원조 등의 분야에서 주요 이슈를 선별하여 이슈별로 나의 견해나 솔루션에 관한 생각을 정리해 영문으로 작성했다. 신문 기사를 모니터링하기도 했고, 내가 스스로 요점을 정리하기도 했다. 영어 필기 그 자체는, 미국에서 UCLA 대학 시절, 또 듀크대학교 대학원 과정 때 셀 수 없이 많은 영어 에세이를 쓰고 과제를 했기 때문에 어렵지 않았다. 이 부분이 사실 제일 수월했다.

· 영어 필기시험 자체는 다른 부분보다 비교적 수월했지만 필기시험 주제로 나올 만한 것이 꽤 광범위해서 시험 준비가 막

막하기는 했다. 그래서 처음에 좀 헤맸다. 내가 JPO 시험에 관심을 가지고 응시한 시기는 우리나라 외교부에서 JPO 시험을 주관하던 때였다. 실제로 내가 시험을 보고 합격했던 2015 JPO 시험이 외교부가 모든 시험 절차와 형식에 관여했던 마지막 기수 시험이었고, 2016년 JPO 시험부터는 JPO를 선발하고 싶은 UN 기구들이 직접 후보자를 인터뷰하고 필요한 시험을 치르게 하는 형식으로 바뀌었다. 얼마 동안은 어떻게 JPO 영어 필기시험을 준비할지 갈피를 잡지 못해 헤매다가, 곰곰이 '깨어 있어' 생각해 보니 이런 생각이 들었다. 이 시험에 대한 정보가 나는 전혀 없지만 지금 내가 알고 있는 것은 무엇인가? 외교부가 모든 시험 문제를 내고 시험 답변을 채점한다는 사실이다. 그러면 출제자가 외교부니까, 외교부 웹사이트에 들어가서 국제개발·국제원조 분야에 대한 외교부 입장이나 관련 정보를 찾아보면 외교부가 낼 시험 문제에 대한 예측이 조금은 가능하지 않을까? 그래 바로 이거야. 바로 그거였다. JPO 1, 2, 3차 모든 과정과 시험 문제를 내고 합격자를 가리는 것이 외교부라면, 외교부 담당자의 마음으로 한번 생각해 보자. 어떤 영어 필기시험 문제를 낼 것인가? 어떤 국제 이슈가 특히 우리나라 혹은 외교부에 중요한가? 혹은 어떤 국제 이슈에 대해 외교부는 어떤 관점과 견해를 가지고 있는가? 이러한 질문을 가지고 외교부 웹사이트 먼저 들여다봤고, 그 안에 다양한 정보와 자료가 있다는 것을 그때 발견했다. 실제로 다양한 국제 이슈와 어젠다에 대한 정보와 우리 외교부의 입장을 정리한 내용들이 그 곳에 있었다. 물론 그 웹사이트에 게재된 내용만을 보고 외운 것만으로는 제대로 된 시험 준비를 할 수 없지만, 시험과 관련된 정보가 없어 너무 막막하던 내게 이 부분이 정말 좋은 진입로가 되어주었다. 그래서 웹사이트에 게재된 주제별로 내 생각을 영어로 정리하고, 또 관련 외신 뉴스 기사와 UN 보고서 등을 찾아보면서 JPO 영어 필기시험을 준비했다.

무슨 시험이든 혼자서 엉덩이 붙이고 조용히 공부해야 하는 시간이 필요하다. 그런데 신기하게도 그룹 스터디를 통해 시험 결과가 눈에 띄게 좋았던 경험이 나도 여러 번 있다. 혼자서 공부하면 보이지 않던 것들이 여럿이서 머리를 맞대면 보이는 경우가 있다. 또 서로에게 퀴즈를 내고 하면서, 문제에 대한 답을 함께 고민하고 아이디어를 모으는 그 과정에서 시험에 대한 준비가 착착 되는 것이다. 매우 어렵고 정보가 없는 JPO와 같은 시험도 마음이 맞는 사람들과 그룹 스터디를 통해 어느 정도 시험과 시험 준비에 대한 실마리를 찾을 수 있다. 그룹 스터디도 어떻게 보면 앞서 살펴봤던 유대인의 교육법인 하부르타라고 할 수 있을 것이다. 짝을 지어 서로에게 질문하고 답변을 하고 그 과정에서 새로운 아이디어가 나오고, 대화와 토론의 깊이가 깊어지는 놀라운 경험을 하게 된다.

다시 JPO 시험으로 돌아와서 내가 쓴 나머지 시험 준비 방법을 소개한다.

· JPO 영어 그룹 토론 시험은 사실 내가 가장 설레했던 시험이다. 왜냐하면 나는 말하고 토론하는 것을 좋아하기 때문이다. 처음에는 만약 그룹으로 나뉘어 토론을 한다면, 내가 무조건 싸워 이겨야 하겠다고 생각했다. (나는 승부욕이 강하다). 어떻게 해서라도 내 의견을 끝까지 관철하는 것이 그룹 토론에서 이기는 방법이라고 생각했다. 그런데 바로 이 부분이 오산이었다. 싸워서 이기는 것이 권장되는 토론도 있긴 있을 것이다. 하지만 이 JPO 시험장에서는 아니었다. JPO 시험을 실제로 봤고, 오랜 기간 준비했던 내 경험에 근거하여, 영어 그룹 면접에서는 차분하면서도 분명하게 자신의 의견을 말하는 게 중요하다. 덧붙여 타인의 의견도 경청하는 모습 그리고 타인을 존중하는 모습을 보이는 것도 중요하다고 나는 결론을 내렸다.

· 그렇다면 영어 그룹 토론 시험에서 중요했던 점은? 한 가지 논점에 대해 A와 B 그룹으로 나뉘어 그룹 토론을 하는 상황이라면, 일단 각 그룹에 4인의 팀원이 있는데, 자신이 속한 그룹의 의견과 제안 사항을 설명하고 제시하는 데 있어서 팀워크를 발휘해야 한다. 자신이 속한 팀원들이 발언하는 내용과 내가 발언하는 내용이 서로 돕고 조화롭게 어우러져 우리 조가 취하는 스탠스가 잘 전달되도록 각자의 역할을 잘 수행해야 한다. 상대 팀이 발언할 때는 또 잘 들어야 한다. 상대 팀의 발언

을 주의 깊게 잘 들어야 우리 팀의 발언 순서가 다시 돌아왔을 때, 어느 부분을 반박할지 아니면 관련 질문을 할지 등 다음 스텝을 결정할 수 있다. 결국 잘 듣는 것이 잘 말하는 것이다!

· 영어 그룹 토론 시험을 볼 때 내가 겪었던 일이다. 각 4인으로 조성된 A팀과 B팀이 있는데, 나는 당시 B팀이었던 걸로 기억한다. A팀은 국제원조에 대한 회의적인 시각을, B팀은 그럼에도 국제원조가 중요하다는 견해를 내면서 토론을 해야 하는 상황이었다. 수험표 번호에 따라 랜덤으로 팀이 조성되었는데 그렇게 팀을 구성하시고는 각 팀에 5분 정도 시간을 주셨다. 그 5분 안에 시험 지문을 읽고 이해하고 팀원들이 어떻게 협력하여 우리가 주장하는 바를 상대팀에게 잘 전달할지 전략을 세워야 했다. 사실 5분이라는 시간은 그 모든 것을 하기에 턱없이 부족했지만, 그것은 모든 팀과 수험자에게 동일했다. 5분 후에 우리 모두는 시험장에 들어가서 착석했다. 그룹 토론이 시작되고 A팀 4명과 B팀 4명이 한 명씩 자유롭게 발언하기 시작했다. 이 토론에서 진행자나 MC가 있었던 것이 아니고, 자유롭게 총 8인이 A팀에서 한 번, B팀에서 한 번 하는 식으로 의견을 나누는 방식이었다. 우리 8인은 앞에 둥글게 앉아 계시던 면접관 5인을 마주 보고 착석했다. 5인의 면접관은 주로 한국 소재 UN 기관장과 우리나라 외교부 담당자분이셨던 것으로 기억한다. 토론이 시작되고 나도 주의를

기울여 각 팀 팀원의 발언을 듣고 내 발언을 4~5번쯤 마쳤다. 총 그룹 토론 시간은 40분~45분 정도 되어서 모두가 자신의 의견을 말하고 깊은 내용의 토론을 진행하기에 충분했다. 그런데 나를 비롯한 B팀의 다른 팀원들도 몇 번씩 발언을 마친 상황이었는데, 내 바로 오른편에 앉았던 여성 팀원 한 명이 시험이 거의 끝나갈 무렵까지 발언을 한 번도 못 한 상황이었다. 즉 나를 포함한 B팀 4명 중, 3명만 발언했고, 나머지 한 명이 아직 발언할 타이밍을 못 찾았거나 발언을 할 만한 아이디어가 떠오르지 않았거나 해서 한 번도 발언을 못 한 상황이었다. 그 안타까운 팀원의 상황이 마음에 걸렸다. 그리고 방법이 있다면 그 팀원이 발언하기가 용이하도록 내가 조금 돕는 것도 좋을 것이라고 생각했다. 그래서 다시 A팀의 누군가가 발언을 마치고, 내가 다시 B팀에서 내 발언을 마치고는 '지속가능한 발전'이라는 국제개발 어젠다에 아직 선진국의 원조가 필요한 상황이라며 이 부분에 대해 내 옆 B팀 동료가 추가로 의견을 제시할 것이라고 말했다. 사실 이 발언을 하기까지 고민을 좀 했다. 이렇게 해서 내 옆 팀원이 자연스럽게 바통을 받아 발언하게 되면 최적이다. 하지만 만에 하나 이 부분에 대해 내 옆 동료가 딱히 하고 싶은 말이나 아이디어가 없는 상황이라면 난감할 수도 있을 것이다. 그래도 토론이 시작된 지 30분이 넘어가고 있는 상황에서, 내 옆 동료가 발언을 한 번도 하지 못하고 토론이 종료되면 그 친구에게도 좋지 않고, 팀 전체로서도 결코 좋은 것이 아닐 거라고 판단했다. 도와주고 싶었다. 그래서 그렇게 발언했고, 최대한 넓게 마지막 주제를 말함으로써(예를 들어 지속가능한 발전) 그 동료가 발언하기가 조금은 더 쉽게 내 발언을 마쳤다. 결과는? 다행히도 그 동료가 그 부분에 대해 좋은 의견과 아이디어를 차분하게 말했고, 나는 안도했다. 곧 토론 시험이 종료되어, 그 동료는 딱 그 한 번의 발언으로 시험을 마치게 된 것이다. UN은 특히 다국적 배경과 문화를 가진 사람들이 함께 일하는 곳으로, 팀워크와 협력이 중요하기에, 내가 그때 팀원을 위해 했던 작은 배려가 면접관에게 좋은 인상을 남겼을 거라고 생각한다. <u>영어로 국제 이슈와 어젠다에 대해 자유자재로 토론을 할 수 있어야 하는 것은 기본이고, 팀원과 잘 협력하여 팀의 입장을 상대에게 잘 전달하고, 또 상대의 의견도 경청하고 존중하는 역량과 태도가 중요한 시험이다.</u>

• JPO 시험이 총 3일에 걸쳐 진행됐는데, 나는 당시 며칠 연가를 내고 시험에 임했다. 하루하루 시험을 치르는데 평소에도 기운이 없던 나는 시험 3일째에 체력이 부족한 듯한 느낌을 받았다. 시험 3일째 되는 날에는 국문 면접이 진행됐다. 영어 필기와 그룹 토론 시험까지 진행됐으니, 국문 면접이라면 제일 쉬울 거라는 생각이 들 수도 있겠다. 하지만 내겐 시험 3일째 치러졌던 국문 면접이 제일 힘들었다. 이미 내 에너지 상태

는 바닥에 가까웠고, 내가 정말로 합격하고 싶던 JPO 시험이어서 그런지 국문 면접을 위해 시험장에 들어갔는데 갑자기 목이 턱 막혔다. 목소리가 나오지 않는 것이었다. 이런 상황에 당황해서 그나마 쥐어짠 목소리도 덜덜 떨리고 있었다. 이런 상황에서 당시에도 4~5인의 면접관이 계셨는데, 그중 한 면접관께서 내게 괜찮으니 천천히 발언을 시작해도 좋다고 말씀해 주셨다. 거기에 힘을 얻어 나는 떨리는 목소리이지만 천천히 내 소개를 시작했고, 내가 JPO를 하려는 이유와 JPO 이후의 목표와 향후 계획에 관해서 이야기를 풀어나갔다. JPO 국문 면접에서 중요한 것은, 경쟁률이 특히 심한 JPO 시험이니만큼 왜 자신이 JPO의 기회를 얻어야 하는지에 대해 의미 있고 논리적인 답변을 할 수 있어야 하는 점이다. 이 부분 또한 시험 전에 찬찬히 생각해서 답변을 준비해 두지 않으면 시험장에서 최선의 모습을 보여줄 수 없게 된다. 또 중요한 것은 JPO라는 제도를 통해 어떻게 향후 국제기구 진출 혹은 커리어 발전을 해나갈 계획인지에 관한 생각도 충분히 해서 답변을 준비해야 한다. 또한 면접에서 중요한 것은 긍정적 태도와 이러한 기회에 감사한 마음을 보이는 것이다. 우리나라 국민의 세금으로 운영되는 JPO 제도는, 한국의 청년에게 UN 진출의 첫 방법을 제시하는 좋은 제도이니만큼 감사한 마음을 가지는 것이 중요하다.

2015 UN의 날 기획을 통해 실천한 나눔

반짝이는 가능성을 확인한 날

한국의 지방 출신으로 10대에 홀로 미국 유학을 떠나 고등학교, 대학교, 대학원을 마치고, 원하던 UN·국제기구에 진출하여 지금의 전문가(Specialist) 직위로 성장하면서 내가 절실히 깨닫게 된 한 가지가 있다. 바로 정보, 고급 정보에 대한 접근이다. 고급 정보를 가진 사람이 성공에 대한 여정을 더 빨리, 더 좋은 조건에서 시작할 수 있다. 초고속 인터넷과 스마트폰을 자랑하는 한국 내에서도, 아무리 우리가 정보 홍수의 시대에 살고 있다고 하더라도 정작 어디를 봐야 할지 모르면, 어떤 정보가 좋은 정보인지, 나에게 도움이 될 정보인지를 가려내지 못하면, 그 효과가 덜하다. 그래서 나는 정보도 중요하지만, 고급 정보에 대한 접근이 중요하다는 결론을 내렸다.

어렸을 때는 내가 태어나고 자란 그 조그만 시골 너머로 어떤 큰 세상이 있는지조차도 까마득했다. 미국 유학을 시작한 뒤 서울에는 SAT를 전문적으로 가르쳐 주는 학원도 있고, 미국 유학이나 유럽 유학을 체계적으로 설계하고 도움을 주는 '유학원'이라고 하는 곳도 있다는 것을 그제야 알았다.

이런 좋은, 고급 정보를 제공해 줄 수 있는 교육 인프라가 서울에만 집중되어 있다는 것에 허탈감을 느꼈다. 내가 직접 체험한 지방과 서울의 격차가 너무도 컸다. 특히 고급 정보에 접근에 대한 격차가 컸다.

그런 정보가 있는지도 몰라서 미국 유학을 준비할 때 캄캄한 사막에서 바늘을 더듬더듬 찾듯이 시작했던 나는, 뭔가 이러한 부분에서 내가 할 수 있는 일을 하고 싶었다. 다른 지방 출신 학생들에게도 또 서울 출신 학생들에게도 UN 진출에 대한 정보는 희귀할 수 있으니 출신 지역에 차별을 두지 않고 공평하게 고급 정보를 제공하고 싶었다. 그래서 내 첫 UN 직장이었던 UNESCAP(유엔아시아태평양경제사회위원회) 동북아사무소에서 일하게 되었을 때 2015 UN의 날 기념행사를 위한 제안서를 제출하게 되었다. 굳이 내가 하지 않아도 되는 일이었다. 이제 갓 일을 시작한 신참이었기에 아무도 나에게 그런 거대한 행사 기획을 기대하지 않았다. 아무도 시키지 않았는데 나는 스스로 UN의 날 기념 영어 스피치 대회와 UN 커리어 엑스포를 기획하여 진행하고 싶다는 제안서를 제출했다. 그리고 당시 소장님께서 그 아이디어를 꽤 마음에 들어 하셔서 그전에도 없던 큰 규모로 기획하게 됐다. 훗날 내 UN 동료 한 명이 내게 말하기를 나는 일이 없어도 '일을 만들어내서' 하는 사람이라고 했다.

참고로 UN 동북아사무소는 인천 송도에 있다. 2015년 UN의 날이 특별했던 이유가 몇 가지가 있다. 첫째로 2015년은 UN 70주년이 되던 해였다. 또 그 당시 UN 사무총장님이 바로 반기문 사무총장이셨는데, 내가 알기로 바로 그 해 반 총장님께서도 70세가 되시던 해여서 UN 사무국에서 그걸 포인트로 잡아서 UN의 날 프로모션 영상을 제작하기도 했다. 한국 출신 UN 사무총장이 계시던 해였고, 반 총장님께서 그해 5월쯤 한국에 다녀가시기도 했다. 반 총장님께서 UN의 수장으로 계시던 해이기에 한국 학생들의 UN에 관한 관심과 자부심도 그 어느 때보다 높았다. 그래서 2015년에 UN의 날 기념행사를, UNESCAP 동북아사무소가 위치한 한국의 국민들과 학생들에게 UN을 더 잘 알리고 의미 있는 정보와 배움의 기회를 제공하자는 취지로 기획하자는 것이 내 생각이었다. 그리고 그 아이디어를 당시 동북아사무소 소장님께서도 마음에 들어 하셨다. 그렇게 시작하게 됐다. 이런 거대한 행사를 직접 기획해 보거나 MICE 사업 쪽에 전혀 경험이 없던 나였지만, 많은 이에게 도움이 될 행사라고 믿었기에 해야겠다는 사명감이 들었다.

내가 제안서를 제출한 것이 2015년 4월이었으니 UN의 날인 10월 22일까지 6개월 정도 남은 상황이었다. 결코 긴 시간이 아니었다. UN의 날 영어 스피치는 고등학교와 대학교 학생을 대상으로 파트를 나눠서 진행하기로 했고, 전국의 모든 고등학생에게 참여의 기회를 주고 싶어서 각 지역 교육청을 통해 행사 포스터와 공문을 보냈고, 우리 기관 웹사이트를 통해서도 행사를 공지했다. 온라인으로 참가 신청서와 2분 정도의 스피치 동영상을 제출하도록 하여 예선을 먼저 진행했고, 예선에서 우수한 점수를 받은 학생 15명 정도를 10월 22일 송도 G-타워에서 열릴 본선에 올렸다.

그 모든 과정을 나는 외부 협력 업체 없이 우리 사무소의 인턴 두어 명과 다른 사무소 직원분들의 도움을 받아 행사 준비를 했다. 행사 몇 주 전에는 인천대학교 학생 자원봉사자 20여 명을 모집해서 행사 진행 전반에 대한 부분을 교육하고 함께 행사장 곳곳을 돌며 이동 동선과 가장 가까운 엘리베이터 위치 등을 확인했다.

또 다른 파트가 바로 UN 커리어 엑스포였는데, 이 행사는 한국에 있는 다양한 UN 기구 한국사무소 및 국제기구와 연계하여 그 기구들이 함께 참여하여 풍성하고 다채로운 커리어 엑스포가 될 수 있도록 설계했다. 그래서 UNESCAP을 비롯하여, 한국에 사무소를 둔 UNHCR, IOM, WFP, UNDP, UNDRR, UNCITRAL 등 기구 관계자에게 연락을 취해서 함께 UN 커리어 엑스포에서의 각 기관 부스 운영 및 다양한 활동을 준비했다. 외교부 국제기구인사센터 관계자분도 초빙했고, 총 13개 UN 기구가 함께 참여해서 정말 의미 있는 나눔을 실천했다.

결론부터 말하면 그날, 전국 각지에서 모인 2,500여 명의 중학생, 고등학생, 대학생이 UN의 날 영어 스피치 대회와 UN 커리어 엑스포에 다녀갔다. 지방에서 버스를 대절해서 단체로 올라온 학교도 있었다. 이 두 가지 행사를 위해 인천 송도 G-타워 로비 층과 6층, 7층, 8층 등 다양한 공간을 활용해서 방문객들이 원하는 강연을 듣고, UN 기구의 부스에 들러서 궁금한 것을 묻고 체험할 수 있게 했다. 한국 소재 UN 기구의 수장이나 전문가들이 직접 각 기구의 미션과 역할에 대해 강의했고, 그날 방문객으로 온 학생들은 모든 강의를 눈을 빛내며 들었다. UN 기구와 지속가능한 발전과 관련된 영화를 상영하기도 했고, 각 UN 기구 부스에서 퀴즈를 풀고 선물을 받아 갔으며 식량 부족 국가에 긴급하게 투입되어 간편하게 먹게 할 목적으로 만든 WFP 간편식을 맛볼 기회도 있었다.

　　실제로 인천 송도 G-타워에 다수의 UN 및 국제기구가 있어, 이곳이 UN의 날 행사를 위해 최적의 장소라고 생각했다. 행사 당일 G-타워 정문에 크게 포토월을 세웠는데, 반기문 사무총장님의 전신상을 만들어 포토월에서 함께 사진을 찍을 수 있게 제작했다. 전신상 제작을 위해 사용한 반 총장님 사진이 실제 악수를 청하는 것처럼 손을 내밀고 계시는 사진이었는데, 이 전신상과 함께 악수하듯이 사진을 찍는 것이 인기가 많았다. 많은 학생과 일반인에게 좋은 정보를 제공하고 의미 있는 체험의 기회를 나눌 수 있게 열심히 뛰었고, 일에 매달려서 그 6개월을 알차게 보냈다.

　　행사에 참여했던 학생들은 그날을 어떻게 기억할까. 행사가 모두 끝나고 온라인 후기 여러 개를 직접 확인할 수 있었다. UN 진출로의 꿈을 실제로 가지고 있는 청소년, 청년들의 그날의 체험과 배움에 관해 쓴 글에서 느낄 수 있었다. 그들의 마음에 진한 여운을 남긴,

꿈과 열정의 불씨를 지핀 경험이었다는 사실을 말이다. 특히 내게 인상 깊었던 것은 바로 UN의 날 영어 스피치 대회 예선과 본선 참가자와 관련된 것이었다.

본선 전에 진행된 예선에서 꽤 많은 학생의 스피치 동영상을 내가 다른 (국적의) UN 동료와 함께 보면서 점수를 매겼다. 그 작업을 하면서도 지역 간 격차가 드러났다. 서울·경기 출신 학생들의 스피치 동영상과 지방 출신 학생들의 스피치 간의 실력 차이가 큰 편이었다. 스피치 내용을 떠나서 일단 영어 구사 능력 자체에서 차이가 있었다.

100여 명에 가까운 고등학생부 예선 스피치 동영상을 하나하나 보면서 점수를 매기고, 다른 UN 동료의 점수와 합한 뒤 결과를 보았다. 30명 정도로 본선 진출자를 추려내야 하는 상황이었는데 점수로만 30명을 선발한다면 서울·경기 외 다른 지역 참가자가 거의 없게 될 상황이었다. UN의 날 행사 취지에 맞게 전국 각 지역의 대표가 그래도 한 명 정도는 있으면 좋겠다는 생각으로 예선 스피치 채점에 참여했던 다른 동료와 상의해서 우리만의 '어퍼머티브 액션(Affirmative Action)* 조치를 취하기로 했다. 출신 지역이나 다른 이유로 상대적으로 불리할 수 있는 경우를 고려하여, 점수가 다소 부족하더라도 전국 각 지역을 대표할 수 있도록 최소 1인의 학생을 본선 진출 명단에 포함했다.

그렇게 본선 진출자 명단이 추려졌고, 2015년 10월 22일 UN의 날 영어 스피치 대회와 UN 커리어 엑스포의 막이 열렸다. 나는 영어 스피치 대회 MC도 맡았기 때문에 두 가지 행사 공식 오프닝 전에 커리어 엑스포 참가 UN 기관의 각 부스 상황을 먼저 체크하고, 자원봉사자와 행사 지원을 돕는 UN 동료들의 위치와 상황을 확인한 후 영어 스피치 대회장으로 향했다.

오전 9시에 시작하는 스피치 대회인데 8시가 조금 넘은 시간부터 대회장 앞에 대기하고 있던 한 단발머리 여고생이 눈에 들어왔다. 제일 첫 번째로 대회장에 도착한 학생이었는데 멀리 충청도에서부터 첫차를 타고 부모님과 함께 왔다고 했다. 그 친구의 열정이 느껴졌다.

스피치 대회에는 고등부와 대학부가 있었는데, 고등부의 지원자 수가 훨씬 많았고 고등부 참가자의 열정과 패기도 더 뜨거웠다. 대학부 참가자는 행사가 열리는 인천·경기·서울 지역에서 주로 나왔지만, 고등부 참가자는 정말 전국 각지에서 참가자가 한 명씩은 있었다. 한국에서 고등학교를 다니지 않은 나는 이 대회에 누구보다 부푼 마음으로 열심히 준비해서 참여하는 고등부 학생들이 참 훌륭하고 대견하게 느껴졌다.

스피치 대회 예선 동영상을 채점할 때만 해도, 본선을 진행하더라도 결과가 예선 때와 아주 다를까 싶었다. 예선과 본선 사이 기간

---

* 어퍼머티브 액션(Affirmative Action): 사회적·역사적 이유로 불리한 위치에 있는 집단(예: 인종, 성별, 출신 지역 등)에 대해 교육·고용 등에서 일정한 혜택이나 기회를 부여하여 형평성을 높이려는 정책 또는 조치.

이 그리 길지 않았고, 영어 스피치 구사 능력이라는 것이 그렇게 단기간에 쑥쑥 향상하기 어렵다는 것을 알고 있기 때문이다. 그래서 서울·경기 외 지역 학생들의 본선에서의 점수가 예선에 비해서 더 많이 좋아질 수 있을까, 의문이 들었다.

그런데 바로 이 부분이 내게 희망을 주었고, 하이라이트였다. 어퍼머티브 액션 조치로 본선 진출권이 주어졌던 지방 학생들 몇몇이 한 달 전이었던 예선 심사 때와 견주어도 눈부시게 그 실력이 향상되어 본선에서 정말 멋진 기량을 발휘한 것이다. 그들은 마치 반짝반짝 빛나는 보석 같았다.

예선 때와 비교해서 순위가 10등 넘게 오른 지방 출신 학생이 있었는데 정말 놀랐고 그 친구의 눈부신 실력 향상에 나도 매우 기뻤다. 지역 간 학생들 실력 차이가 분명 존재한다. 하지만 아직 어리고 무궁무진한 가능성이 잠재된 이 학생들에게 적절한 기회와 인센티브가 주어진다면, 혹은 멘토가 존재한다면, 그들은 쑥쑥 성장하고 크게 발전할 수 있다.

이를 내가 직접 눈으로 확인할 수 있었기 때문에, 그 6개월 동안 UN의 날 행사를 행사 제안자로, 총괄 책임자로 준비하면서 너무 고되었던 것이 사실이지만 보람찼다. 힘들고 고되었지만 하기를 잘했다는 생각이 들었다. 무궁무진한 그 학생들의 가능성을 보았고, 내가 앞으로도 그를 위해 나눔을 실천하고 봉사를 할 수 있는 부분이 어떤 것인지 확인했다.

또한 이 스피치 대회 1등 상은 UN 사무총장상 이름으로 나갔는데, 고등부와 대학부에서 모두 1등 상이 각각 두 명씩 나왔다.

　　본선 심사는 국제기구 국장급으로 꾸려진 패널이 진행하셨다. 패널분들에게 고등부 본선이 진행되는 중간에 잠시 여쭈었다.

　　"What do you think? Aren't they great?" (학생들 실력이 어떤 것 같으세요? 잘하지 않나요?)

　　"You bet. They are too good." (그러게요. 다들 너무 잘해요.)

　　어린 학생들이지만 그들의 순수한 열정과 열심히 대회에 임하는 모습이 너무 인상적이었고 모두를 칭찬해 주고 싶었다. UN 직원인 우리조차도 그들의 3분 스피치에서, 그리고 그에 임하는 자세에서 그들에게 배우고 느낀 점이 많았다. 내가 앞서 말한 것처럼, 우리보다 나이가 어린 사람에게도 배울 점이 있다. 그들은 마땅히 존중받아야 하고, 사회에서 적극적으로 의견을 낼 기회가 그들에게도 주어져야 한다.

　　영어 구사 능력뿐만 아니라, 학생들의 스피치 내용 자체에서도 배울 점이 많았다. 스피치 주제는 UN의 날 취지에 맞게 국제개발과 지속가능한 발전과 관련된 자유 주제를 택할 수 있게 했는데, 학생들이 선택한 주제도 다양했다. 자신이 매일 먹는 초콜릿의 주재료인 카카오가 어떻게 생산되는지 또 그것의 공정무역과 관련된 주제를 선정한 학생도 있었고, 시리아 난민의 인권 문제를 주제로 본인이 생각하는 중장기 해결 방안을 제시한 학생도 있었다.

　　다양한 국제 이슈와 어젠다에 대한 자기 생각을 멋지게 스피치로 표현한 학생들은, 대학입시를 위한 공부 너머의 더 넓고 깊은 공부와 노력을 한 것으로 보였다.

　이렇게 내 온 마음과 열정을 쏟아부어 준비하고 성황리에 마친 2015 UN의 날 영어 스피치 대회와 UN 커리어 엑스포. 그 두 행사를 10월 22일 당일 오후 7시쯤 모두 마치고, 우리 모두는 G-타워 아뜨리움에 모여 성공적이었던 행사를 축하했다. 당시 우리 소장님께서 가장 먼저 내 그동안의 노력과 수고에 고맙다고 말씀하셨는데, 소장님의 말씀이 끝나고 그 자리의 모든 UN 동료와 자원봉사자들이 내게 큰 박수를 쳐주었다. 눈물이 왈칵 날 만큼 묵직한 울림과 기쁨이 있었다.

　내가 당시에 할 수 있던 최선의 것 이상으로 의미 있는 나눔을 직접 실천했던 소중한 경험이었다. 그 경험을 통해 보석처럼 빛나던 꿈 많은 청소년 및 청년들과 UN 국제기구에 대한 정보, 지식 그리고 체험의 기회를 나눴다. 그들의 성장에 자그마한 씨앗이 되었기를 바란다. 그 경험을 통해 나도 더 성장할 수 있었으므로.

Chapter 6

감사하라!

I learned that a burning gratitude for wishes fulfilled, awoke a Sleeping Giant that scared me with amazing results.*

* John Soforic, The Wealthy Gardener: Lessons on Prosperity between Father and Son, Penguin Random House LLC, 2018.

내가 경험한 감사의 힘

감사로 시작해 감사로 끝나는 하루

벌써 몇 년째 하는 나만의 기상 루틴이 있다.

바로 일어나자마자, 눈을 뜨자마자, "하나님, 감사합니다, 감사합니다, 감사합니다."라고 세 번 외치고 새 하루를 시작하는 것이다. 이것은 나의 또 다른 아침 루틴인 따뜻한 물 한 잔 마시기를 하기 전에 하는 루틴이다.

감사의 힘에 관해 수많은 책을 통해서 알게 되고, 이를 실행할 나만의 루틴을 고민하다가 쉽게 시작할 방법으로 세 번 외치기를 생각해 냈다.

이 방법은 일단 매우 쉽다. 침대에서 눈을 뜨자마자 세 번 외치기만 하면 된다. 하나님 감사합니다, 감사합니다, 감사합니다!

그렇게 외치고 하루를 시작하면, 기분도 좋고 침대에서 벌떡 일어날 맛도 난다. 즉시 기분이 좋아지는 쉬운 방법이다. 또 그렇게 시작해 하루의 일정을 소화하면 더 감사할 일이 생긴다. 즉 감사가 더 큰 감사를, 그리고 더 자주 감사할 일을 만들어낸다. 감사하면 감사할 일이 더 생긴다.

감사를 실천하는 매우 좋은 방법은 감사 일기를 쓰는 것이다. 이미 많은 성공한 위인과 셀럽이 직접 실행해 본 방법이라니 그 효과는 증명된 것이라고 생각한다. 그래서 나도 시작했고, 작고 예쁜 포켓 사이즈 365일 일기장을 사서 하루를 마무리하며 감사한 일 세 가지를 기록했다.

맛있는 음식이나 커피를 예쁜 카페에서 먹었다는 소소하게 감사한 것부터 시작해서, 특별하게 소중한 친구나 동료와 시간을 보냈다는 등의 그날을 기념할 만한 감사한 일들을 하나씩 적어나갔다. 마음도 평안해졌고 그렇게 하루를 감사로 마무리하면 내일이 또 기대됐다. 내일은 어떤 감사한 일과 기쁜 일로 가득한 하루가 될까.

아주 간단한 세 줄 감사 일기를 매일 쓰는 것만으로도 하루하루의 삶이 더 즐겁고, 기대되고, 보람차다고 생각되어 기운이 났다. 이건 정말 경험해 보지 않으면 모른다. 그러니 꼭 한번 실천으로 옮겨서 감사의 놀라운 힘을 직접 경험해 보시기를 바란다. 앞에서 보았던 '스몰 스텝'의 전략을 써서 한 줄 쓰기부터 시작해 보자. 한 줄이 두 줄이 되고, 두 줄이 세 줄이 되고, 곧 감사 일기를 쓰는 것 자체에 재미를 느낄 것이다.

나는 이 책을 쓰면서 특히 감사한 분들 리스트를 작성해 보는 시간을 가졌는데, 이렇게 리스트를 작성할 때마다 깨닫게 된다. 우리가 살아가는 데 있어 감사할 분들이 정말 넘쳐난다는 것을 말이다. 감사하지 않은 이가 없다. 내 감사 리스트는 책의 뒷장에 담았다.

100 감사 운동

100 감사 편지가 만든 기적

전에 읽은 책 중 감사에 대해 실질적인 실행 팁을 가득 담은 책이 있었다. 한 목사님께서 쓰신 책인데 그분은 100 감사 운동으로 유명하신 분이셨다.

'100 감사'는 말 그대로 우리가 감사한 100가지에 대해 하나하나 써보는 것이다. 자신이 감사한 100가지를 찬찬히 써보는 것도 좋고, 누군가 특정 상대에게 감사한 100가지를 편지 형식으로 써보는 것도 좋다.

특히 두 번째 방법은 혹시라도 우리가 우리 삶에 소중한 사람이지만 소홀했거나 미안한 마음이 드는 사람에게 써보면 놀랄 만한 효과가 있다. 나도 해 봤다.

내게 정말 소중한 오래된 친구가 한 명 있는데 그 친구와 소원했던 적이 있다. 사소하게 다툼이 있었던 것이 아니라 작은 갈등이 쌓이고 쌓여 더 이상 이래서는 안 되겠다는 생각이 들었다. 그래서 그 당시에 이 100 감사 운동에 대해 읽으면서 바로 100 감사 편지 쓰기를 해보기로 했다.

물론 숫자 100이라고 하면 까마득하게 느껴지는 것이 사실이다. 그때 그 친구에게 100 감사 편지를 쓰기 시작했을 때, 내가 뭐 이렇게까지 해야 하나, 하는 생각도 들었다. 하지만, 내가 그 당시에 책을 읽으며 배운 것 중 한 가지는 꼭 실천해 보는 습관을 들이던 터라 더더욱 이것을 실행해보고 싶었다.

정말 놀랍게도, 그 소중한 친구에게 고마웠던 점을 하나하나 써 내려가자 그 친구에 대한 원망으로 가득 찼던 마음이 조금씩 녹기 시작했다. 친구에게 고마웠던 순간, 그 친구에게 많은 배려와 도움을 받았던 순간을 떠올리게 되어 나도 모르게 눈물이 났다. 그런데 나도 모르는 사이에 꽤 오랜 시간 그 친구의 배려와 도움을 당연하다고 여기고 받기만 하고, 그러한 배려에 대해 진심으로 고마운 마음을 표현하지 않았다. 이 점을 100 감사 편지를 쓰면서 깨닫게 됐다.

그렇게 100 감사 편지를 쓰면서 내 원망의 마음이 바뀌었다. 미움과 원망 대신 고마움으로 내 마음이 가득 찼다. 더 늦기 전에 그 친구에게 고맙다고 미안하다고 편지로 전할 수 있게 되어서 참 다행이라는 생각이 들었다.

100가지 그 친구에게 고마웠던 점을 나열해 보니 편지지만 해도 꽤 두꺼웠다. 묵직한 편지 봉투를 친구에게 건네며 100 감사 편지에 관해 설명했다. 그 편지를 전하고 친구와 화해한 것을 계기로 우리의 우정이 더 돈독해졌다.

100 감사 책에서 저자이신 목사님께서는 이렇게 100 감사 편지를 부부나 가족 사이에 서로에게 써보는 것을 권하셨다. 내가 직접 써보니 정말 가족 사이에도 써보면 좋을 것 같다는 생각이 들었다. 가장 사랑하는 가족이지만 또 가장 멀고 소원할 수 있는 사이가, 상처를 줄 수 있는 사이가 가족이 아닌가. 그래서 100 감사 편지를 쓰면서 서로에게 평소 전하지 못했던 고마운 마음, 미안한 마음을 진솔하게 전하는 것을 권하고 싶다.

마음을 차분하게 하고 정성을 다해 임하면, 정말 커다란 마음의 변화가 생길 것이라 믿어 의심치 않는다. 내 마음을 상대에 대한 감사로 가득하게 할 뿐만 아니라, 관계의 회복, 나와 상대 마음의 치유 그리고 긍정적 변화를 불러일으키는 경험이 될 것이다. 100 감사 운동, 강력하게 추천하는 바이다. 놀라운 치유와 힐링의 시간이 눈앞에 펼쳐질 것이다.

부를 나눈다는 것, 그리고 그에 대한 감사

Try Me now in this, Says the Lord of hosts. If I will not open for you the windows of heaven and pour out for you such blessing that there will not be room enough to receive it.

Malachi 3:10

나눌수록 더 풍성해지는 부의 기쁨

물질적인 부를 나눈다는 것에 대해 내가 경험해 알게 된 부분을 이야기해 보고 싶다.

내가 UN에 진출하면서 연봉이 그 전보다 꽤 큰 폭으로 상승했다. 국내 기업·기관의 근로소득자 평균 연봉 스케일과 UN·국제기구의 연봉 스케일에 차이가 나더라. 차이가 왜 이렇게까지 큰지는 잘 모르겠다. 국내 평균 연봉이 상승해야 한다고 생각한다.

국내 기업과 방송국에 다닐 때도 열의를 다해 최선을 다해 열심히 일했는데(그리고 그 당시에 훨씬 많은 스트레스를 받았는데), 내가 UN에 들어감과 동시에 연봉이 두세 배 상승하니 당연히 감사하고 좋으면서도 기분이 묘했다. 왜 이렇게 차이가 나는 거지? 왜 국내 기업과 방송국의 연봉은 그렇게 낮았던 거지? 내 역량 자체는 하룻밤 사이에 크게 달라지는 것이 아닌데 내 연봉은 수직으로 상승해 있었다. 국제기구는 세계 시장에서 경쟁력 있는 인재를 유치하기 위해 높은 수준의 급여 체계를 운영하고 있다. 그래서 한국 내의 급여 체계와는 꽤 차이가 있다.

독일 본에 있는 UN 기후변화협약 사무국에서 국제기후기금인 녹색기후기금으로 이직하면서 또 연봉 상승이 있었다. 이를 통해 내가 알게 된 것은 UN 기관보다는 기후기금, 혹은 세계은행(World Bank)이나 아시아개발은행(Asian Development Bank) 같은 다자개발은행의 연봉이 더 높다는 것이었다. 또 대부분 UN 국제기구 전문가로서 받는 연봉은 한국 근로소득세 대상이 아니다.

연봉이 상승하면서 삶의 질도 달라졌다. 부모님께 용돈도 더 자주, 더 큰 액수로 드릴 수 있게 됐고, 가족이 좋은 곳에서 식사할 때 내가 기분 좋게 계산할 수 있게 됐다. 전에는 무조건 싼 물건이나 먹거리를 찾았는데, 내 건강과 직결되는 음식이나 운동, 테라피 등에는 투자를 할 수 있게 됐고, 또 투자해오고 있다. 연봉이 박봉일 때부터 꾸준히 해오던 하나님께 드리는 십일조와 헌금의 액수도 자연히 그 액수가 커졌다.

국제기구의 연봉을 받으면서 하나님께서 주신 달란트를 소중히 여기고, 잘 쓰고 관리하며 의미 있는 나눔에도 동참하고 있다.

성경에는 물질적 재물과 부에 대한 교훈이 많이 담겨 있다. 모든 물질적 재물 역시 하나님께서 우리에게 주시는 달란트 중 하나인데, 그것을 잘 관리하고 모으고 유지하고 불리는 것도 우리 청지기의 직분이다.

부에 대한 욕심을 경계해야 하는 것이 맞다. 그러나 부도 역시 하나님께서 허락하신 달란트인데 그 자체를 죄악시할 필요가 없다고 생각한다. 오히려 사회에서 중요한 봉사 및 구호, 또 교회 운영과 선교 활동에도 우리의 헌금이 필요하다. 부에 대한 청지기의 직분을 막중한 책임으로 받아들이고 재물과 부를 옳은 곳에, 남을 돕는 일에도 써야 한다.

여기서 부를 나누는 기쁨에 대해서도 말해보고 싶다. 최근 부와 관련된 많은 자기계발서도 읽고, 그 책에서 배운 내용을 하나라도 제대로 실행해 보려고 노력하고 있다. 정말 실행해 보니 다르더라. 부를 어떻게 관리하고 확장하는지, 부의 그릇은 또 어떻게 확장시키는 건지 내가 모르던 신세계라 놀라우면서도 재미가 있었다. 부의 확장을 논하는 책에서 빠짐없이 등장하는 이야기가 바로 감사하기, 그리고 부를 남과 나누는 것, 부를 의미 있는 일에 쓰는 것이다.

마인드파워로 유명하신 조성희 저자의 책을 읽으면서 배운 내용이 있다. 자기 지갑 안의 돈을 소중히 다루고, 돈을 쓸 때마다 "잘 가, 다음에 친구들 데리고 함께 와."라고 말하면서 기쁜 마음으로 보내준다는 것이다.

또 다른 책에서 본 내용은 우리가 세금을 내거나 월세를 내거나 할 때도 감사를 하면서 돈을 내라는 내용이었다. 왜 세금을 내고 월세를 내는데 감사를 하냐고? 큰 액수의 세금이 부과됐다는 것은 우리가 그만큼 연봉이나 재산의 크기가 크다는 이야기니까 오히려 그에 감사해야 한다는 것이다. 맞는 말 아닌가? 그리고 큰 액수의 월세라면 그만큼 좋은 환경에서 살고 있다는 뜻이다. 혹은 대출 이자가 높다면, 그만큼 대출의 액수가 크다는 이야기이고 대출을 받을 수 있었다는 것은 우리의 신용 점수가 괜찮았다는 뜻이다. 감사하지 않을 이유가 없다.

부모님과 동생 그리고 다른 친척에게도 기분 좋게 용돈을 드리거나 맛있는 것을 사드리고, 가족이 아닌 타인과도 조금씩 나눔을 실천하고 확장하고 있다. 어려서는 자주 하지 못했던 가족과의 여행을 최근에 내가 비용을 부담하면서 부모님을 모시고 또 동생과 함께 할 수 있게 되어 기쁘다. 새로운 경험에 투자할 수 있게 되어, 또 그 경험에 사랑하는 가족과 함께 참여할 수 있게 되어 기쁘고 보람차다.

몇 군데 복지재단, 국제 국내 NGO 및 구호 단체를 통해 저소득층 어린이와 청소년 그리고 혼자 사시는 어르신을 돕는 사업에 매달 꾸준히 기부하고 있다. 부에 대한 청지기 직분을 막중하고 고귀한 책임으로 생각하기 때문에 감사하는 마음으로 기쁘게 기부를 실천하고 있다. 국내 아동 후원을 몇 년간 꾸준히 하다 보니 후원 아동의 소식을 종종 듣게 되고 편지도 주고받을 수 있게 됐다.

이 어린이의 사진도 보게 됐고 무럭무럭 밝게 웃으면서 자라는 모습을 보니 뿌듯하다. 그 어린 친구의 성장과 나중의 자립에 조금이나마 도움이 될 수 있어 기쁘다. 이 기쁨은 쉽게 정의할 수 없는 뿌듯한 감정이다. 후원 아동이 크리스마스 선물로 받고 싶은 용품에 대해 전달받고 그것을 그 친구 사이즈에 맞게 구매해서 편지와 함께 보냈다. 그 선물을 받고 너무 기뻐하는 모습을 담은 사진과 고사리 같은 손으로 그 친구가 연필로 꼭꼭 눌러쓴 감사 편지를 받았는데 한없이 귀엽고 사랑스러웠다.

구호 봉사 사업의 일선에서 발로 뛰시고 어려운 이웃을 위해 최선을 다해주시는 모든 분께 감사하다. 나의 나눔 활동으로 인해 더 많은 이가 꿈꾸기를, 다시 일어서기를 포기하지 않았으면 하는 마음이고, 앞으로 더 다양한 이웃의 독립과 자립을 도울 수 있는 나눔 활동에 참여하고 싶다.

정기 후원과 나눔을 몇 년 동안 꾸준히 실천해 온 내 경험으로는, 부를 이웃과 나누면 하나님께서 큰 복을 주신다. 나눔을 실천하면서 더 부가 늘어났다. 돈을 기부하는데 돈이 더 늘어난다? 언뜻 이해가 되지 않지만, 이는 내 경험에 비추어도, 다른 수많은 자기계발서 저자의 경험에 비추어도 맞는 말이다. 이는 꼭 직접 체험해 보시길 바란다.

아래는 2025년 3월 세바시 강연회의 인스타그램 포스트 내용을 내가 재구성한 것이다.

하버드 대학의 한 연구에 따르면, 조직 내에서 남을 돕는 행동을 자주 하는 사람이 더 높은 성과를 내고, 승진 기회도 많다고 한다. 회사도 한 조직으로서 팀워크와 협력이 중요한데, 조직 내에서 팀원들을 돕고 잘 다독이는 리더십을 보이는 행동을 자주 하는 사람이 실제로 더 높은 성과를 내고 승진 기회도 많다는 분석이었다.

또 기부나 봉사활동을 자주 하는 사람이 경제적으로 더 안정적인 삶을 살 가능성이 크다는 통계도 있다고 한다. 그런 사람일수록 사회적 네트워크가 확장되고 더 많은 기회를 얻기 때문으로 분석된다고 한다. 남을 배려하고 따뜻하게 대하는 태도가 우리의 성장과 성취에 도움이 될 수 있다는 말이다.

이에 대해 내가 덧붙이고 싶은 것은 성경에 보면 하나님께서도 우리에게 어려운 이웃을 돌보고 나눔을 실천하라고 하셨다는 것이다. 그렇게 선한 나눔을 실천하는 우리의 행동을 하나님께서 잊지 않으시고 복을 주신다고 하셨다. 잠언 19:17 말씀을 보면, "가난한 자를 불쌍히 여기는 것은 여호와께 꾸어 드리는 것이니 그의 선행을 그에게 갚아 주시리라"라고 나온다.

우리가 인간으로서 하나님께 '꾸어 드릴' 방법은 실질적으로 거의 없다. 그런데 어려운 우리의 이웃을 돌보고 도움으로서 하나님께 꾸어 드릴 수 있다면 이는 정말 중요한 선한 행위임이 틀림없다.

여기서 하나님께서 우리에게 그 선행을 갚아 주시고 복을 주신다는 것을 강조하고 싶기보다는, 그 정도로 전지전능하신 하나님께서 우리가 그러한 선행을 했을 때 기뻐하신다는 것이다. 어려운 이웃에 대한 나눔은 그만큼 선하고 복된 행위이다.

억지로 등 떠밀려 하는 나눔보다는, 기쁘게 자발적으로 우리의 이웃과 하는 나눔을 실천해 보자. 물론 물질적인 것도 좋고, 재능 기부와 같은 나눔도 좋다.

주는 데 큰 기쁨과 뿌듯함이 있다. 주는 사람이 결국 더 받는다.

> He who is kind to the poor lends to the Lord, and he will reward him for what he has done.
>
> **Proverbs 19:17, NIV**

Chapter 7

느긋하고 편안하게, 힘을 빼자!

Be still, and know that I am God.

Psalm 46:10

느긋하고 편안한 상태
유지하기

'편안하게'가 만들어 주는 삶의 여백

내가 이 책에서 소개한 여러 가지 레슨 중에 아직도 내게 특히 어려운 것이 바로 앞서 본 '물어보기'와 이번 장의 주제인 '느긋하고 편안한 마음 가지기'이다.

　나를 잘 아는 친구들은 입을 모아 말한다. 나는 도무지 편안하게 쉬고 노는 법을 모른다고. 시간이 매우 귀하고 또 아까운 나는 보통 여러 가지 일과 프로젝트를 동시다발적으로 벌여 놓고 그것들을 마무리하느라 바쁘다. 이러한 성향도 내가 '편안하고 느긋한' 상태가 뭔지 잘 모른다는 피드백에 한몫하는 것 같다.

　어쨌든 나도 완벽하게 마스터하지 못한 부분이 휴식이라서 아직 배워야 할 점이 많다. 하지만 이런 나도 조금은 경험한, 이 '편안하고 여유가 있는' 상태를 유지하는 것의 장점을 나누고자 한다.

예전에 서울에서 플라잉 요가를 배운 적이 있다. JPO 시험에 합격하고 독일 본에 있는 UN 기후변화협약 사무국에 파견 나갈 날짜를 받아놓은 상태에서 몇 달간의 휴식 시간이 주어진 것이었다. 물론 나는 플라잉 요가와 같은 운동도 하고 독일어도 조금씩 공부하면서 시간을 알차게 보내려 했다.

플라잉 요가 선생님 중 한 분이 일본에서 오신 선생님이셨는데 정말 멋진 분이셨다. 체구는 작으셨고 우아한 기품이 넘치셨다. 그분이 한국어도 잘 구사하셨는데, 수업 시간에 동작을 보여주시면서 계속 하시던 말씀이 있었다.

"자 여러분, 편안하게.
편안하게 하시면 됩니다."

이렇게 말씀하시면서 선생님께서는 어려운 동작을 하고 계심에도 정말 편안해 보였다. 고요한 호흡과 함께 마치 잔잔한 물결과 같은 편안함이 동작을 하시는 그 얼굴에 온화하게 묻어났다. 그런 그분의 평온한 얼굴과 동작을 보여주시는 모습을 함께 보면서, 동작이 어렵고 때로는 근육이 찢어지는 것처럼 아프지만 나도 평안해질 수 있겠다는 생각이 들었다.

그래, 별로 어렵지 않아.

편안하게. 호흡부터 가다듬자.

나는 할 수 있어. 어려운 것이 아니야.

실제로 몸에 힘을 빼고 평정심을 유지하면서 선생님을 따라서 동작을 해보니 매우 고난도의 동작도 곧잘 따라 할 수 있게 됐다. 신기한 경험이었다. 어떻게 '열심히', '이를 악물고'가 아니라, '편안하게'가 삶의 이치가 될 수 있지? 어렸을 때부터 무조건 열심히, 이를 악물고, 자는 시간을 최대한 줄여서, 고군분투하는 삶이 좋은 삶이라고 배웠는데?

평소에 내 온몸에 긴장감이 가득하다는 것을 한의원에 가거나 발레핏을 배울 때 비로소 알게 됐다. 한의원에서 침을 맞을 때 원장님께서 내게 힘을 빼라고 자꾸 말씀하셨다. 나는 분명 힘을 뺐는데 어떻게 더 '편안한' 상태에 도달할 수 있는지 감이 잘 안 왔다.

운전면허를 따고 거의 10년간 전혀 운전을 하지 않았던 내가 이래선 안 되겠다, 하고 최근 운전을 하기 시작했다. 실기 레슨을 다시 받고, 하지 못하던 주차도 다시 배우고 해서 운전을 시작했다. 제법 도로 주행과 주차를 할 수 있게 되어 나 스스로가 신기하고 그런데, 그럼에도 동생이 매번 해주는 말, "운전할 때 힘을 더 빼고 여유를 가졌으면 좋겠어"이다. 운전할 때 내 목은 뻣뻣하고 팔에도 잔뜩 힘이 들어가 있어서 편안하게 오래 운전하기에는 적절치 않은 모습이었던 것이다.

어쨌든 이 '편안하게'라는 말을 그 요가 선생님께서 너무 자주 반복하셔서, 혹시 다른 한국어 표현을 많이 알지 못해서 줄곧 '편안하게'만 외치시는 것 아닐까 하는 생각도 가끔 들었다. 그런데 지금 와서 생각해 보면, 그 말에 정말 큰 삶의 교훈이 담겨 있었다. 정말 중요한 말씀이셨다. 그분의 말씀처럼 우리 마음이 편안하고 평온하면, 어려운 동작도 별거 아닌 것처럼 할 수 있는 몸과 마음의 상태가 된다. 그 고요한 마음 상태가 유지되면, 어떤 것도 우리를 화나게 하거나 실망하게 하거나 기운 빠지게 할 것은 없다.

화가 나거나 실망하거나 기운 빠질 일이 별로 없게 되니 과도하게 감정이나 에너지를 소모할 일도 없어지고, 우리에게 정말 중요한 일과 목표 그리고 가치에 더 집중할 수 있게 된다. 정말 중요한 것에 더 집중할 힘과 에너지가 생기는 것이다.

힘을 뺄수록 더 잘하게 되는 마법

힘을 빼고 우리가 편안한 상태가 되면 모든 걸 훨씬 더 잘할 수 있다. 아이디어도 물 흐르듯 잘 나오고, 내 본연의 모습과 강점이 발휘되어 무언가를 더 수월하게, 나답게 할 수 있게 된다.

일할 때도 그렇고 일상에서도 그렇고, 뭔가 어렵게 보이는 것도 '이건 놀이야'라고 생각하고 편하게 놀면서 가게 되면 사람이 말랑말랑해진다. 유연해진다. 머리 돌아가는 것도 자세도 태도도 말랑말랑하게 되어 오히려 성과가 좋고 자꾸 또 그걸 해보고 싶게 된다. 모든 것을 너무 심각하게 진지하게 바라보기보다는 놀이하듯 가벼운 마음으로 놀이하듯 해보자.

오랜 기간 열심히 일한 뒤 진정한 의미의 휴식이 필요한 이유도 여기에 있다. 열심히 달린 만큼 우리가 힘을 빼고 편안한 상태를 되찾기 위해 조금이라도 휴식과 재충전의 시간을 확보하는 것이 중요하다. 나는 바다의 윤슬을 주변의 산이나 섬과 함께 바라볼 때 마음이 고요해지고 '쉰다'는 느낌이 든다. 그래서 평소 열심히 회사에서 일하고 책도 쓰고 공부를 하다가 가끔 바다가 끝없이 펼쳐진 여수나 부산과 같은 곳을 찾아 머리를 식힌다.

이 글을 쓰고 있는 시점에서 바로 지난주, 나는 내 국제기구 커리어상 크게 기념할 만한 프레젠테이션을 했다. 바로 선진국 대표 12인, 개도국 대표 12인으로 구성된 총 24인의 녹색기후기금 이사들 앞에서 당시 이사회의 안건으로 채택된 우리 독립평가국의 최신 평가 보고서의 주요 내용과 권고 사항을 발표한 것이다.

평가 프로젝트는 주로 우리 국에서도 가장 시니어인 '스페셜리스트(Specialist)'가 리드하기 때문에 아직 최고참이 아닌 내가 쉽게 접할 수 있는 기회는 아니었다.

이사회의 중에 이사들 앞에서 프레젠테이션을, 아직 최고참이 아닌 여성 스페셜리스트인 내가 한다는 것은 정말 흔치 않은 기회였다.

얼마나 소중한 기회인지를 잘 알았던 나는 그 10분 정도 되는 프레젠테이션을 위해 평가 보고서 전체의 내용을 반복해 읽어서 파악하고, PPT 자료를 수정하면서 계속 실전과 같은 리허설을 하며,

마치 TED-X 스피치를 준비하는 것처럼 계속 연습에 연습을 더했다. 나는 본래 방송 경력도 있고, 이 분야를 사랑하는 만큼 경험도 많지만, 실제 스피치 부분을 완벽하게 준비하는 것 이상으로, 평가 보고서 내용을 공부하고 철저히 파악하는 데도 신경을 썼다.

이렇게 연습에 연습, 그리고 공부에 공부를 더하니 나는 이사회 프레젠테이션 당일 아주 편안했다. 스크립트를 보고 읽지 않아도 될 만큼 내 머릿속에는 평가 보고서의 주요 내용과, PPT 슬라이드에 적혀 있지 않더라도 내가 말하면서 꼭 덧붙여야 하는 추가 설명 내용이 다 들어 있었다. 아주 편안한 마음으로, 그 과정을 즐기면서, 웃으면서 이사회 프레젠테이션을 마쳤다. 편안하니 더 즐길 수 있었다.

내가 발표하는 것을 라이브로 직원들 대기 공간에서 지켜본 외국인 시니어 동료 한 분이 말하기를, 발표 중에 미소를 지으면서 하는 사람은 전 회의 통틀어 나 혼자였다고, 정말 잘했다고 칭찬을 해주셨다. 이사회는 아무래도 어려운 자리라 대부분의 발표자들은 표정이 굳어 있고, 딱딱하게 발표를 마치는 경우가 많다. 하지만 나는 다르게 하고 싶었다. 이미 수많은 안건을 진행하고 정보 과부하에 걸렸을 이사들에게 가장 이해하기 쉽게 평가 보고서의 주요 내용을 깔끔하고 분명하게 전달하겠다고 다짐했고, 그렇게 준비했다.

일단 어떤 중대한 프로젝트나 프레젠테이션을 앞두고 '편안한' 마음을 가지는 것이 중요하다. 지레 겁을 먹거나 떨지 않고, 그 기회를 소중하게, 충실하게, 즐기면서 임무를 수행할 것이라고 되뇌며 준비 과정을 시작하는 것이다. 그리고 그 편안하고 느긋한 상태를 유지

해주고 강화해줄 수 있는 행위가 바로 연습에 연습을 더하는 것, 즉 그 일에 대한 완벽한 준비와 실행을 위해 최선을 다하는 것이다.

'이 악물고' 대신 편안하게 미소를 짓자

내가 10대, 20대 때는 '이를 악물고'라는 표현을 참 좋아했고, 실제로 그렇게 살았다. 온몸이 긴장 상태였고 힘이 잔뜩 들어가 있었다. 그런데 이제는 안다. 우리가 치열하게 꿈꾸고 실행하고 당당히 말함에 있어 편안한 상태를 유지해야, 비로소 그렇게 할 수 있는 거라고.

이제 우리 몸에서 힘을 좀 빼자. 긴장을 좀 풀자. 이를 악무는 것을 멈추자. 이를 악물면 턱관절에도 좋지 않고 사각턱이 된다. 대신 편안하게 가벼운 미소를 지어보자. 평온하고 고요한 마음 상태로, 미소를 지으면서, 우리 꿈을 향해 달려가 보자. 마음이 평온하면 오히려 에너지 감정 소모가 덜 되어서 정말 중요한 우리 꿈과 목표에, 우리가 정말로 원하는 삶에 더 집중할 수 있다.

"여러분, 편안하게.
편안하게 호흡하시고.
편안하게 동작을 따라 하시면 됩니다."

정말 간단하지만, 너무 중요한 인생의 교훈이 담긴 말씀이었다고 생각한다.

나는 여전히 느긋하게 여유 부리는 것을 매우 잘하지는 못한다. 그래도 조금씩 알아가고 있다. 좀 더 여유를 가지고, 편안한 마음을 가지는 것이 어떤 것인지. 그런데 정말 괜찮더라. 내 개인적 삶에서 그리고 회사에서 힘을 좀 빼고 모든 사소한 것에 일일이 신경을 쓰지 않아도 정말 아무 일도 일어나지 않더라.

오히려 모든 것을 그리 심각하지 않게, 조금은 더 가벼운 마음으로 바라보니 솔루션도 더 쉽게 떠오르고 쉽게 그 업무나 일을 끝낼 수 있었다. 재미있는 사실은 내가 모든 것에 힘을 주고 심각하게 바라봤을 때, 회사에서 뭔가 새로운 일거리나 과제가 내게 주어지면 곧바로 표정이 굳었다. 분명 내 삶에서 '일'이란 꽤 중요한 부분을 차지하고, 내 자아실현과 성취감을 드높이는 것인데, 새로운 일이 주어질 때마다 나는 나도 모르는 사이 인상을 쓰고 있었다. 그것을 나도 느끼는데 남들이 느끼지 않았을 리 없다.

내가 이것을 스스로 깨우쳤을 때 나는 반성했다. 그리고 생각했다. 새로운 업무가 주어지면 그것을 쉽게 바라보고 반기자고. 나는 어차피 잘 논다는 것이 뭔지도 모를 만큼 일을 좋아하는 사람인데, 왜 새로운 과제를 받았을 때 인상이 험악해지는가. 모든 것을 쉽게, 편안한 마음 상태에서 받아들이면 또 그것들이 쉽게 풀리더라. 처음에 생각한 만큼 어려운 업무나 과제는 없더라. 다시 한번 강조한다. 우리가 편안한 마음 상태에서 쉽게 생각하면 쉽게 해결할 수 있다. 반대로 어렵게, 또 귀찮게 생각하면 정말 잘 풀릴 것도 어렵게 풀린다.

나는 그동안 모든 것을 너무 심각하게만 바라봤구나. 힘을 잔뜩 주고, 이마를 찌푸리고, 긴장한 채로. 그래서 많이 아팠구나. 몸도 아프고 근육 긴장도도 너무 높고, 쉽게 배탈이 나고, 마음도 고달팠었구나. 이걸 알게 된 후로 아무리 어려워 보이는 일이라도 가볍게, 심각하지 않게 바라보는 연습을 의식적으로 하게 됐다.

힘을 빼라는 말은 게으름을 피우라는 이야기가 절대 아니다. 힘을 빼고 쉽게 해결될 일이라 정의하고 바라보면, 정말 쉽게 끝낼 수 있게 된다. 또 다른 의미로는, 회사에서 승진하고 더 높은 직급이 될수록 우리는 힘을 빼고 숲 전체를 볼 수 있는 안목이 있어야 한다. 울창한 숲에서 자라는 나무 한 그루 한 그루만을 보는 것이 아니라.

예전의 나는 나무 한 그루, 작은 풀 한 포기에까지 매우 많은 신경을 써서 쉽게 지치고 몸이 축났다. 그러면서 배우게 된 교훈이 때로는 각 나무와 풀이 저 스스로 자랄 수 있게 독립성을 허용하고, 숲 전체를 - 큰 그림을 - 보고, 전략적으로 중요한 부분에 더 신경을 써야 한다는 것이다. 그것이 내가 불과 2년 전쯤에 받은 피드백이다. 당시에는 이해가 잘 가지 않았는데, 지금은 좀 더 이해할 수 있게 되었다.

모든 일을 매우 심각하게 바라보면서 계속 긴장하지 않아도 괜찮다. 오히려 힘을 풀자. 턱을 악물었던 그 힘을 빼고 조용히 입꼬리를 살짝 올려 잔잔한 미소를 지어보자. 입꼬리를 올리는 것이 어색하면 소리 내 '개구리 뒷다리'라고 말해보자. 예전에 나도 누군가에게 배운 팁인데 정말 입술이 쫙 펴지면서 입꼬리가 올라간다. 절로 미소가 지어진다.

내 마음은 고요하다. 고요하고 편안한 마음 상태에서 나는 무엇이든 해낼 수 있다. 그러니 우리 이제 편안해지자.

앞서 말한 감사 일기를 쓰거나 100 감사 편지를 쓰거나 하면서 우리 마음을 고요하게 다스려 보자.

고요한 마음을 유지하게 되면 사소한 것에 일일이 신경 쓰지 않게 된다. 사소한 것에 일일이 신경을 쓰고 힘을 꽉 주면서는 잔잔한 마음을 가지는 것이 불가능하기 때문이다.

마음이 편안한 상태가 되면 일희일비하지 않게 된다. 남이 이러쿵저러쿵하는 것이나 별로 중요하지 않은 것을 마음에 담아두지 않게 된다.

그러니 우리 느긋함을 조금씩 연습해 보자. 이제 우리 모두 더 편안해지자.

Epilogue

내가 즐겨보는 TV 프로그램인 〈요즘 육아: 금쪽같은 내 새끼〉에서 오은영 박사님께서 강조하시는 내용이 있다. 육아의 목적은 한 아이가 독립해서 주체적으로 살아갈 수 있게 돕는 것이라는 점이다. 한 아이가 성장해서 육체적, 정신적, 경제적으로 독립한 어른으로, 한 사회의 구성원으로 역할을 하고 잘 살아갈 수 있도록 돕는 것이 육아의 본질적 목적이라는 것이다.

    어렸을 때 나는 그 당시 어른들이 하라시는 대로 그에 순종하고 열심히 살았지만, 스스로 생각하고 작은 것이라도 독립적으로 수행해 본 경험이 거의 없었다. 스스로 뭔가 깊게 생각하고 혼자서 하는 습관을 들이는 것 자체에 대해서, 그 중요성에 대해서도 몰랐다. 그냥 어른들이 내게 하라시는 대로, 생각도 행동도 그대로 따랐다.

그랬던 내가 UN에 국제개발, 기후변화 전문가로 일하고 싶다는 꿈을 꾸면서 조금씩 스스로 생각하기 시작했다. 모르면 남에게 물어보고, 그렇게 해서 배운 것을 실행하고 기록하며, 내가 배운 삶의 지혜를 남과 나누면서 훨씬 행복해졌고 자존감과 자기효능감도 높아졌다. 커리어적으로도 정신적으로도 전보다 훨씬 성장했고 내면이 단단해졌다.

어렸을 때는 뭔가 불편하거나 싫은 상황에서 눈물만 뚝뚝 흘리고 아무런 말도 못 하던 내가, 이제는 UN 국제회의를 하면서 여유롭게 환한 미소를 지으며 발표한다. 국제기구 내에서 연봉 협상의 기회가 있는지도 몰랐던 내가 이제는 그와 관련된 가이드라인에 대해 적극적으로 묻고, 우리 기관의 인사과 동료에게 직접 물어본다. 예전엔

사무 공간이 덥거나 추워도 그러려니 하며 지나갔는데, 이제는 주변 동료들에게 혹시 내가 창문을 조금 열어도 되겠느냐고 먼저 물어보고 괜찮다고 하면 창문을 연다.

    기술적 역량과 전문 분야 관련 지식만큼 삶에 대한 적극적이고 능동적인 자세와 태도가 UN에서도 매우 중요하다. 그동안 크고 작은 나만의 성취와 배움의 순간을 통해 내가 알게 된 일곱 가지 성장 노하우를 앞으로 살아가면서도 지속해서 적용하고 싶다. 그리고 그 내용을 책을 통해 남들과도 나누고 싶어서 이 책을 쓰게 됐다.

1. 깨어 있으라

2. 실행하라

3. 구하고 찾고 요구하라

4. 배운 것을 기록하라

5. 나누고 공유하라

6. 감사하라

7. 느긋하고 편안하게, 힘을 빼자

 이 일곱 가지 교훈이 예전의 나약했던 나에게서 내 안의 작은 씨앗 같던 거인을 흔들어 깨웠다. 우리 모두의 안에 존재하는 그 거인을 독자 여러분도 흔들어 깨우고, 그 씨앗에 물을 주고 영양분을 주어 보다 행복하고 충만한 삶을 경험하게 되시길 바란다. 나 자신 본연의 모습으로, 내가 원하는 모든 성취와 성공을 하나씩 용감하고 결단력 있게 이뤄나갈 우리 모두의 여정을 뜨겁게 응원한다.

Special Thanks to

먼저 제게 삶을 허락하신 하나님 아버지께 감사드립니다. 그분의 한량 없는 은혜와 사랑 없이는 이 모든 것이 불가능했을 테니까요.

제가 원하고 꿈꾸는 것을 이뤄내는 삶을 살 수 있게 그 초석을 잘 닦아주시고, 모든 면에서 실질적 지원을 해주신 저희 엄마께 깊은 감사를 전합니다.

제 앞으로의 꿈과 계획을 누구보다 자랑스러워해 주시고, 응원해 주시고, 열렬히 기뻐해 주시는 저희 아빠께 감사드립니다.

제 앞에서는 그런 티를 잘 내지 않지만, 밖에서 누구보다 저를 자랑스러워하고 응원해 주는 제 멋진 동생에게 감사합니다.

어려서 저는 저 자신에 대한 확신도 없고 쉽게 상처받고 우왕좌왕했는데, 그럴 때마다 저를 붙잡아준 저희 외할머니의 '하나님께서

너를 얼마나 사랑하시는지' 가르침에 감사합니다.

　일평생 누구보다 열심히 일하시고 그 시대 최고의 효부이셨던 저희 할머니. 할머니의 가족에 대한 희생을 생각할 때마다 여성의 삶과 권리에 대해 생각해 보게 됩니다.

　저를 아껴주고, 제가 미국 대입 시험을 서울에서 잠깐 공부할 당시 매일 도시락까지 싸주면서 응원해 주었던 제 사촌 언니에게도 감사 인사를 전합니다.

　제가 주말에 틈틈이 이 책을 쓸 때 인내심을 가지고 기다려 준 제 예쁜 반려견에게도 고맙습니다.

　책 원고를 쓸 때 너무 작업이 잘 되어 즐겨 찾았던 송도의 하얀 카페 사장님께 감사합니다. 제 최애 스팟인 창가 자리에서 작업이 너무나 잘 됐고, 글이 술술 잘 써졌습니다.

제가 읽었던 수많은 자기계발서의 국내외 저자분들께 감사를 표합니다. 그분들의 인사이트와 실행력, 삶의 교훈이 제 성장에 큰 도움이 되었고, 큰 자극을 받아 저도 제 책을 쓰게 되었습니다.

제게 아직도 어려운 것이 바로 남에게 물어보는 것인데, 잘 물어보는 방법을 알려주고 도와주는 회사 동료들과 인사과 담당자분들께 고맙습니다.

제 책이 세상의 빛을 볼 수 있게 책 기획과 출판, 홍보, 마케팅 이 모든 부분에서 지혜와 힘을 모아주신 분들께 감사드립니다.

제 책을 서점에서 보고 읽게 될 많은 독자 여러분께도 고맙습니다. 여러분들의 삶에 '언런'이 좋은 가이드로의 역할을 할 수 있기를 바랍니다. 고맙습니다!

부록

자신감 넘치는
영어·프레젠테이션 비결

이번 장에서는 내가 어떻게 영어를 유창하게 구사하게 됐는지를 간단히 소개해 보고자 한다. 나는 영어를 매우 어렵게, 오랜 시간 공부하고 연습하며 오늘날까지 이르렀기 때문에 단기간에 영어 능력을 향상시킬 노하우나 방법에 대해서는 잘 모르겠다. 하지만 장기간 꾸준히, 끊임없이 연습해서 마스터한 영어의 장점은, 바로 그렇게 노력한 만큼 그 역량과 스킬은 절대 나를 배신하거나 실망시키는 법이 없다는 것이다.

먼저, 내 영어의 기초 토대는 우리 엄마가 쌓아주셨다. 내 기억에 어렸을 때 우리 집에는 카세트 플레이어가 있었고, 그 안에는 영어 노래 혹은 교재 테이프가 항상 돌아가고 있었다. 아직도 그때 들었던 영어 테이프의 구절 몇 가지가 생각난다.

확실히 어릴 때는 아이의 귀로 영어를 들으니까 영어가 어떻다는 편견이 없었다. 영어를 어떻게 발음해야 한다는 한국인의 한글로 가장 가깝게 표기해서 발음하는 그 당시 방법에서 탈피해서, 그냥 내 귀에 들리는 대로 테이프를 녹음한 원어민을 흉내내서 놀이처럼 영어 단어와 간단한 문장을 말할 수 있었다. 그때는 영어를 듣기만 했지 그걸 직접 생활에서 써보거나 하지는 않아서, 영어의 모든 면을 그때 깨쳤다고는 할 수 없다. 그러나 분명 도움이 많이 됐다. 어릴 때부터 영어를 많이 들을 수 있는 환경을 제공해 주신 엄마께 감사드린다.

어려서부터 어렴풋이 내가 영어를 좋아한다는 생각을 가졌던 것 같다. 영어로 유창하게 남과 대화하고 그 언어를 매일 쓰는 것은 아니었기에 제한적이었지만 그냥 영어책이 좋았고 흥미로웠다. 영어 테이프를 듣고 원어민 발음을 앵무새처럼 따라 하는 것도 어렵지 않고 재미있었다. 무슨 말인지도 모르면서 흉내내 따라 하고 영어 교재에 스티커를 붙여가며 놀이하듯 조금씩 배워갔다.

내 유아기 때의 상황을 나보다 더 또렷이 기억하는 나보다 7살 위인 내 사촌 언니는, 당시 아기였던 나를 보러 우리 집에 왔을 때 우리 집 가구와 방문 곳곳에 영어 단어 카드가 붙어 있었다고 했다. 집안의 물건마다 그에 해당하는 영어과 국어가 동시에 기재된 단어 카드가 붙어 있어서, 나와 동생이 엄마가 말하는 물건의 단어 카드를 집어 왔다고 한다.

이렇게 내가 모르는 사이 영어의 기초 작업이 다져졌고, 초등학교와 중학교 교육을 받았다. 하지만 내가 초등학교에 다닐 당시 영어는 정규 과목이 아니었고, 학생들이 영어 단어 스펠링을 다 알고 있다거나 한 것도 아니었다. 하지만 영어를 아주 어렸을 때부터 즐겨온 나로서는 영어에 대한 거부감이 없었고, 중학교에 들어가서도 학교 과목으로서의 영어를 잘할 수 있을 거라고 막연히 생각했다.

영어 단어 스펠링을 전혀 모른 채로 중학교에 입학했는데, 다행히도 중학교 때 내 암기력이 폭발했다. 초등학교 고학년 때부터 암기력이 좋기는 했는데, 영어 단어 스펠링을 거의 모른 채 중학교에 입학해서 조금은 걱정도 됐다. 마치 영어 단어 스펠링을 많이 아는 것이 영어를 잘하는 것인 양 당시 초등학교 같은 반 친구들이 호들갑스럽게 이야기했기 때문이다.

이러한 호들갑 때문에 조금 걱정이 됐었던 영어 단어 암기는 생각보다 매우 쉽고 빠르게 정복할 수 있었다. 중학교 영어 성적이나 시험 점수도 좋았다. 하지만 그럼에도 나는 알고 있었던 것 같다. 중학교 영어 시험 성적이 잘 나온다는 것만으로 내가 원하는 영어의 완벽한 구사나 영어를 주 언어로 쓰는 국제무대에서 일하는 내 모습을 기대할 수 없다는 것을 말이다. 그래서 언제나 영어 완벽 구사에 대한 허기가 있었다. 언제나 배가 고팠다. 내가 이 언어를 마스터하는 순간이 오기를, 내 높은 기준에 맞게 영어로 날고 기는 커리어우먼이자 리더가 되기를 꿈꾸고 바라면서 계속 전진했다.

중학교 때, 학교 시험 성적과 내신에도 충실하면서 나는 영어 교과서 너머의 영어를 공부하는 데에도 시간을 투자했다. 전주의 외국어 교재 전문 서점에서 CNN 뉴스 방송 테이프를 어렵게 구해서,

그 테이프를 들으며 영어의 감각을 키우고자 했다. 물론 유아기 때 듣던 영어 테이프와 수준 차이가 매우 나는 CNN 뉴스 테이프였다. 그래도 그냥 듣고 들으며, 테이프 지문을 보고 공부했다. 당시 공부하면서 들은 것 중 기억 나는 CNN 테이프 지문은 바로 김대중 대통령의 당선과 그분이 걸어오신 길, 그리고 정치적 업적을 설명하는 뉴스 지문이었다.

이에 더해, 내가 당시 금시초문이었던 TOEIC 시험을 최초로 가르치던 전주의 한 영어 학원을 우연히 알게 됐고, 그 학원에도 등록해서 TOEIC과 TOEFL에도 조금씩 눈을 떴다. 역시, 내 예상이 맞았어. 영어가 중학교 교과서 수준으로 그치는 것이 아니었어. 나의 허기짐은 계속되었고, 나는 한국에서 중학교를 빛나는 성적으로 졸업함과 동시에 홀로 미국 유학의 길을 선택하게 됐다. 우여곡절 끝에 나는 만 14세에 미국 오리건주의 작은 고등학교에 입학했고, 한국에서는 모두의 놀라움을 자아냈던 내 영어 구사 능력이 미국 현지에서 얼마나 제한적인 것인지 아프게 깨달았다.

매일 나는 미국 학교 친구들의 놀림거리였다. 오리건주 작은 시골 마을에 있던 그 고등학교에서 나는 유일한 한국인이었고, 내가 오기 전에 한국인을 한 번도 만나보지 못한 미국인 학생이 대부분이었다. 당시 내 영어 발음을 현지 학생들이 잘 알아듣지 못했다. 내가 한국에서 중학교 다닐 때 영어 선생님께서도 학원 선생님께서도 칭찬해 주시던 내 영어 발음이 현지에서 잘 이해가 안 된다는 것을 깨닫고, 나는 의미 전달과 의사소통을 위해서는 영어 발음도 매우 중요하다는 것을 깨달았다.

다른 무엇보다, 영어 발음 때문에 의사소통이 어려워지는 일이 없게 하려면 영어 발음도 가능한 교정하는 것이 좋다고 생각한다.

그 작은 미국 고등학교에서 이방인으로서 매일 놀림거리가 된 나는, 내 가능성을 낮게 보고 한국인인 나를 우습게 보는 그들의 모습에 분노했다. 가끔은 분노가 더 큰 발전과 성장의 원동력이 되지 않는가. 그래서 나는 다시 있는 힘을 다해 현지인 영어 정복에 집중했다.

정신을 차리고 학교 친구들이 하는 대화를 들어보니 내가 한국에서 교과서로 배운 영어 표현을 잘 쓰지 않고, 그들이 실제 생활에서 더 자주, 더 많이 쓰는 표현이 있다는 것을 알아챌 수 있었다. 그래서 새롭게 다시 배운다는 마음으로 그들이 매일 쓰는 표현과 발음, 그 말을 하면서 그들이 짓는 표정과 제스처까지 잘 관찰하려고 했다. 그리고 최대한 똑같이 따라 했다.

미국 유학 3개월과 6개월 사이에 현지에서 먹히는 영어를 쓰는 부분에서 꽤 많이 실력이 늘었다. 그리고 의식적으로 한국어를 쓰지 않았다. 이 부분은 내가 한국인이라는 사실을 잊었다거나 한국어를 소중하게 생각하지 않았다거나 한 것이 전혀 아니다. 어쨌든 미국에서 학교에 다니기로 하여, 우리 가족에게도 너무 큰 짐을 지웠던 나는, 그러한 내 선택에 최선을 다하고 싶었다. 그리고 영어만 의식적으로 쓰고 마스터하기 위해서 한국어 사용을 거의 하지 않았다.

내 경험에 비추어 한국어와 영어는 호환성이 낮다. 다른 말로 설명하자면, 한국어를 쓰다가 영어로 갑자기 전환하는 것이 가능은 하지만 두 언어의 발음 체계가 너무나 달라서 신경 써야 하는 부분이 많다는 것이다. 물론 태어나자마자, 아기 때부터 한국어와 영어를 거의 같은 분량으로 줄곧 써온 사람의 경험은 다를 수 있겠지만, 두 언어의 발음 체계 자체가 매우 다른 것은 명백한 사실이다. 예를 들어, 한국어와 일본어 혹은 한국어와 중국어까지만 해도 그 발음에 있어 호환성이 괜찮은 것 같다. 하지만 한국어와 영어는 발음의 호환성이 그렇게 크지 않다. 예를 들어, 우리가 영어에서 빌려온 단어 Shower를 한국어로 발음하다가 제대로 된 영어 발음으로 바꿔보라. 얼마나 두 단어의 발음 체계가 다른지 느낄 수 있을 것이다. Shower /ʃaʊɚ/ vs. 샤워

이런 이유로 나는 미국에서 고등학교에 다니면서 잠깐 한국에 들어왔을 때도 영어를 계속 사용하면서 그 감을 잃지 않으려 했다. 고등학교를 졸업하고 미국 캘리포니아주의 유명 주립대인 UCLA에 입학했을 때도, 오리건주와는 달리 재미교포나 한국인 커뮤니티가 크게 있는 LA에서 한국어를 최대한 쓰지 않으려고 했다. 어쩌면 내가 미국에 살면서 한국인을 '피해 다녔다'라고 보일 수도 있었겠다. 하지만 나름대로 이런 절박한 이유가 있어서였지, 내가 한국인이라는 정체성을 잃었던 것은 절대 아니었다. 한국어는 모국어이니만큼 잊을 수도 없고 잊혀질 수도 없는 언어이고, 나는 미국에서 공부하고 살면서 나의 꿈을 실현하게 해줄 언어인 영어를 마스터하고 싶었을 뿐이다. 그리고 그렇게 했다.

또 하나 내 영어 구사 능력과 프레젠테이션 실력을 급상승시켰던 경험을 소개한다. 누구도 이 노하우는 생각 못했을 것이다. 앞서 소개한 것처럼 내가 처음 다녔던 미국 오리건주 기독교 고등학교는 학생들의 노작, 혹은 아르바이트가 학교 커리큘럼의 중요 일부분이었다. 그 학교에서 첫 1년은 학교 카페테리아에서 일하면서 많은 것을 배우고 깨우쳤다. 그런데 똑같은 일을 2년 차 때도 하자니 그건 내 지속적인 발전을 위해 별로 도움이 안 될 거라고 생각했다. 그렇다고 학교 농장에서 일하는 내 모습을 상상하긴 어려웠고, 목재 공장에서 일하는 것도 나에겐 아닌 것 같았다.

그래서 남은 것은 바로 문서 전도(Literature Evangelism)였다. 기독교 고등학교로서 가질 수 있는 그런 파트였는데, 말 그대로 학생들이 기독교 서적 몇 권을 가지고 집집이 돌면서 원가보다 훨씬 저렴한 가격에 서적을 판매하는 일이었다. 이 문서 전도에 독자 여러분의 생각이 어떨지 모르겠지만, 그리고 이에 대한 평가가 엇갈릴 수 있지만, 좋은 기독교 서적과 건강 관련 서적을 직접 들고 집마다 찾아가며 나눔을 하자는 취지였다. 학교에서는 이를 선교 활동의 일환으로 봤다. 이 문서 전도를 한국 유학생인 내가 거의 1년 넘게 매일매일 했다. 다른 걸 떠나서 이 경험은 나를 여러 면에서 강하게 단련시켰다.

집마다 직접 걸어 다니면서, 문서 전도를 하던 우리는 평균 12권에서 20권 되는 다양한 기독교 서적이나 건강 관련 서적을 가방에 넣어서 다녔다. 아무리 덥거나 비가 오거나 해도 일은 계속됐다. 일단 문을 두드려서 집주인이 문을 열면 빠르게 나 자신을 소개하고 최대한 서적에 관심을 보일 수 있게 설명해야 한다. 방문 판매라고 하며 처음부터 우리에게 비호의적이거나, 화를 내거나, 문을 닫아버리면서 필요 이상으로 무례하게 거절 의사를 표하는 가정도 물론 있었다.

그럼에도 일을 계속해야 하는 상황이었고, 실제로 꽤 긍정적으로 나를 반겨주던 가정도 많았다. 다양한 종류의 서적에 관심을 보이고, 자신이 평소에 포틀랜드 시내 서점에 갈 기회가 없는데 이렇게 직접 책을 가지고 찾아와 주니 고맙다고 말하던 사람들도 있었다. 건강 음식 조리법 책이나 어린이 성경 이야기책 등 여러 권을 한 번에 구매하시는 분도 꽤 있었다. 책 원가의 50%에서 그 위까지 다양한 금액을 책값으로 지불이 가능했는데, 고등학생이 공부하랴 일하랴 애쓴다고, 책 원가 이상의 값을 내며 격려해 주는 분도 있었다.

자, 이러한 일련의 일을, 모든 대화를 영어로 매일 눈이 오나 비가 오나, 컨디션이 좋거나 좋지 않거나, 반복해서 했던 내 모습을 한 번 상상해 보시라. 이건 실력이 늘지 않을 수 없는 경험이자 노하우이다. 눈물 콧물 흘리며 힘든 날도 많았지만, 나는 항상 웃음을 잃지 않고 각 미국 가정마다 들러 수없이 '1분 영어 프레젠테이션'을 했던 경험의 보유자이다. 계속하고 또 하면서 내 프레젠테이션을 수정 보완했다. 그래서 나는 자신이 있다. 이렇게 힘들게 고생해서 익히게 된 스킬이나 언어 능력은 우리에게서 달아나지 않는다.

미국에서 매일 집마다 다니면서 1분 스피치와 마케팅 노하우, 프레젠테이션을 경험했던 그 시기의 고생은, 그렇게 연마한 스킬과 실력은 날 배신하지 않았다. 이것이 오늘날 내 천연덕스러운 영어 발표와 프레젠테이션의 비결이기도 하다.

또 하나의 팁은 거울 연습이다. 나는 모든 발표와 프레젠테이션의 순간에 자연스럽고 확신에 찬, 청중이 듣기에 편한, 청중을 졸지 않게 할 연습이 잘 되어 있어야 한다고 생각한다. 모든 발표의 순간이 내겐 기회이다. 등 떠밀려 하는 것이 아니라 매 순간이 소중하고 정말 재미있다. 그 발표 당일 실제로 프레젠테이션하는 것처럼 리허설을 혼자서도 많이 해보는데, 내가 평소에 자주 하는 발표 준비 방법은 거울을 보고 하거나 휴대폰 카메라 등으로 동영상을 촬영해서 내가 어떻게 했는지 확인하는 것이다.

거울과 휴대폰 카메라는 누구나 가지고 있으므로 어디서든 쉽게 할 수 있다. 거울 연습을 하면 좋은 점은 평소에 자신이 몰랐던, 입꼬리를 한쪽으로만 올린다거나 하는 균형 잡히지 않은 부분들을 확인할 수 있다는 점이다. 그렇게 연습에 연습을 거듭하면 목소리 톤도 더 좋아지고 자신감이 붙는다. 그리고 실전에서의 팁은 청중의 실제 반응과 상황에 맞춰서 스피치 자체의 완급을 조절하거나, 유머러스한 이야기로 스피치 시작을 한다거나, 목소리 높낮이를 조절한다거나 하는 식으로 유연하게 대응하는 것이다. 이 방법이 간단하지만 정말 효과적인 성공 노하우이다. 이는 방송이나 아나운서 시험을 준비하는 분들에게도 유용한 방법이다.

한 가지 더 추가하자면, 스피치 자체의 기술과 역량을 연마하는 것도 시간이 걸리고 매우 중요한 부분인데 그것만으로는 완전하지 않다. 스피치 내용 알맹이가 탄탄해야 한다. 스피치 목적과 종류에 따라 다르겠지만, 바탕이 되는 연구 조사를 탄탄히 하고 스피치 자체의 구성과 흐름에도 신경을 써야 한다.

탄탄한 스피치 내용, 전문가로서의 의견을 정립하는 데 필요한 공부와 연구를 게을리해선 안 된다. 이를 깨달았을 때 나는 의식적으로 회사에서도 당장 할 일 너머의 공부를 하기 시작했다. 정말 본질적으로 중요한 것이 무엇인지 눈을 크게 뜨고 찾기 시작했다. 그리고 깨달았다. 당장 내가 맡은 프로젝트를 잘 마치는 것이 중요하지만, 그와 함께 내가 국제기구 전문가로서 내 의견을 정립하고 생각과 연구의 깊이를 더하는 것도 중요하다는 것을. 그러니 언제나 깨어 있어 깊이 사고하고 공부해서 내실을 쌓는 이 부분도 놓치지 말자.

언런

1판 1쇄 발행 2025년 11월 1일

지은이   김연지
펴낸이   정원우
편집총괄 민지현
디자인   홍성권

펴낸곳   어깨 위 망원경
출판등록 2021년 7월 6일 (제2021-00220호)
주소   서울시 강남구 강남대로 118길 24 3층
이메일   book@premiumpublish.com

ISBN   979-11-93200-35-3 03320

ⓒ2025, 김연지 All rights reserved.

이 책은 저작권법에 따라 보호받는 저작물이므로 무단전재와 무단복제를 금지하며,
이 책의 내용을 이용하려면 반드시 저작권자와 본사의 서면동의를 받아야 합니다.